Michl Ehbauer

DER BAYERISCHE »FAUST«

Der bayerische »Faust«

Als Tragikomödie Goethe
volkstümlich nachgeschrieben
von

MICHL EHBAUER

Mit einem Vorwort von Michael Ehbauer
Illustrationen von Hans Jörg Schuster

W. Ludwig Verlag

Durchgesehene Neuauflage der 1960 im Süddeutschen
Verlag erstmals erschienenen Ausgabe.

Satz: OK Satz GmbH, Unterschleißheim
Druck und Bindung: Canale, Turin
Printed in Italy

ISBN 3-7787-3471-1

Inhalt

»Nicht nur den Anderen aufs Maul, sondern sich selbst ins Herz schauen«

Vorwort

Bedeutenden Menschen ohne Berührungsängste, aber trotzdem mit dem gebotenen Respekt zu begegnen, ist nicht einfach. Wendet man sich in diesem Sinne mit einem förmlichen Schreiben an eine derartige Persönlichkeit, und ist dieselbe vielleicht sogar schon längst tot, so ließe sich wohl keine trefflichere Anrede finden als »Euer Hochwohlgestorben«!
Mit eben dieser Anrede schrieb mein Vater, Michl Ehbauer, an einem »Heutigen« des Jahres 1960 an den »ehrengeachteten Geheimrat« Johann Wolfgang von Goethe.

Respekt versteht sich von selbst. Aber wozu Berührungsängste, wenn man mit einem Geburtsdatum vom 27. August 1899 als »seelenverwandte Jungfrau zwar 150 Jahre später, aber dafür um oan Tag früher auf d'Welt kemma is«, wie jener Goethe, bei dem er in seinem Schreiben um Zustimmung dafür warb, den Fauststoff durch seine Bearbeitung etwas näher ans und damit unters bayerische Volk zu bringen.
Immerhin ging die erspürte Seelenverwandtschaft soweit, daß Michl Ehbauer »unverschämt« genug sein durfte, sich an der »erst durch Goethe geadelten« Faust-Sage »kernbayrisch zu vergreifen«, ohne die Tragödie jemals auf der Bühne erlebt zu haben. Ähnlich seinem »Vorbild« – was dessen Tragödie ersten Teil betrifft – hat Michl Ehbauer seinen »Faust in der Krachledernen« (1960 im damaligen Süddeutschen Verlag erschienen) im Alter von etwa sechzig Jahren fertiggestellt.

Vielleicht braucht es für diesen Stoff tiefster, sinnsuchender, existenzphilosophischer Problematik mit seiner unstillbaren Gier nach Wissen, Erfahrung und aufwühlendsten Gefühlen ein entsprechendes Maß an eigener Lebenserfahrung, um ihn glaubhaft in literarischer Form verdichten zu können.

Um das bewegte Leben Goethes weiß man ja. Bei meinem Vater aber sah die Lebenserfahrung so aus: In ärmlichen Verhältnissen im oberpfälzischen Amberg geboren, von einer Volksschule in die andere wechselnd, kam er trotz Zureden der Lehrer nie zum Studieren. »Brauchst niat schtudiern, bist gscheit gnaou«, sagten die Eltern. Im Alter von 15 Jahren verlor er seinen »über alles geliebten Vater« im beginnenden »14er-Krieg«. Der Traum vom Studieren war endgültig aus. Das Elternhaus mußte verkauft werden. Der Michl mußte sich durchschlagen: Kegelbua, Helfer bei einem Signalhornbauer, Kaufmannslehrling, Dekorationsmalergehilfe, Hausdiener und Portier, bis er im September 1914 nach München, der »Traumstadt seines Lebens«, kam. Nach weiteren Gelegenheitsarbeiten, Kriegsdienst und Feldlazarett brachte er es schließlich bei der Staats- und späteren Bundesbahn vom Schreibdienst bis zum Inspektor.

Während dieser Tätigkeit entdeckte er seine »Begabung für die gebundene Redeform« und sollte sie neben Beruf und der späteren Familie zum Inhalt seines Lebens machen. Theaterspielen in Erding, Krügelreden bei der Narhalla und beim Nockherberg-Starkbieranstich, Hörspiele und Einakter, die Münchner Frauenturmgespräche, die »Baierische Weltgschicht«, eine Biographie über den Münchner Oberbürgermeister Thomas Wimmer, der »Maßkrug« (eine Monatszeitschrift im eigenen »Aktuell-Verlag«) sowie unzählige öffentliche Auftritte und Rundfunksendungen waren die künstlerisch-publizistischen Früchte eines leidenschaftlichen und rastlosen Lebens.

Die erste Frau starb ihm mit dem Neugeborenen am Karfreitag 1924, die zweite Frau brachte ihm einen Buben zur Welt, der nach 15 Minuten starb. Erst die dritte Frau schenkte ihm 1949 einen Sohn. Dieses Leben war es, das meinen Vater »nicht nur den Anderen aufs Maul, sondern sich selbst ins Herz schauen« ließ, das »seinen Bogen als Mundartdichter vom Richtspruch über die Hochzeitsladung und Krügelrede bis zur legitimen Literatur spannen ließ«. Dieses Leben machte es ihm auch zum Anliegen, seinen »Faust« nicht wie bei Goethe als Tragödie mit drei Toten enden zu lassen, sondern die Handlung zu einem guten Ende mit einem gesunden »Fäustling« zu bringen.
Seine schriftstellerischen Pläne waren noch lange nicht abgeschlossen, aber »gricht muaßt sei zu jeder Zeit, wenn grad der Boandl-

kramer schreit…«, hat er selber einmal bei einem Nachruf gemeint. Und genauso ging er dann am 1. Dezember 1964 aus dieser Welt, so rasch, daß ma net amal richtig Abschied nehmen hat können.

Mich freut es besonders, daß sich der Ludwig Verlag nun zum Gedenken des 30. Todestages und des 95. Geburtstages meines Vaters entschlossen hat, seinen »Bayerischen Faust« neu aufzulegen. Damit ist auch zu hoffen, daß es diesem »Faust« nicht so wie der Goetheschen Fassung ergeht, von der anfangs im Churfürstentum und Königreich Bayern »net a oanzigs Büachl verkauft worn is«. Vielleicht geht sogar einmal meines Vaters besonders inniger Wunsch nach einer Bühnenaufführung in Erfüllung. Schließlich hat ihm schon zu Lebzeiten der Literarhistoriker Professor Ernst Beutler, Direktor des Freien Deutschen Hochstifts und des Goethemuseums in Frankfurt am Main, geschrieben: »Ich habe das Stück mit großer Freude gelesen. Man sollte es aufführen!«

Petershausen, am Heutigen, 1994 — Michael Ehbauer

Vorgspiel beim Theater

oder

Wias Triumvirat mit der Kunst obandelt

DIREKTOR

Seids da, ihr zwoa, ihr habts mir oft
Viel gholfa – trotzdem meine Ängst,
De drucka euch am allerwengst,
Denn ihr habts allwei wieder ghofft,
Daß unser Brettlspielerei
In Ordnung is. I will dabei
Nur habn, daß alle Leut guat gfallt
Und daß a jeds sein Eintritt zahlt
Und net auf d' Ehrenkarten wart.
Es müaßt net sei, daß der grad spart,
Der's übrig hätt und für Kultur
Was stiften kunnt. – Es is zum Schiaßn,
Grad den muaßt oft am tiafsten grüaßn,
Der wo sein Freiplatz kriagt ganz vorn,
Als Prominenz umsunst erworbn.
Dabei sans net zum Estimiern
Und tean recht sparsam applaudiern.
Heut hockas gwiß scho zeitig drinna.
Da müaß ma uns ganz sakrisch bsinna,
Was mir vor dene aufführn solln.
Wer woaß denn, was die Leut grad wolln.
Bin so verlegn no gar nia gwesen.
D' Leut san zwar net ans Beste gwöhnt,
Habn aber anderseits viel glesen;
Jetzt sagts mir, was ma aufführn könnt?
Es muaß am Dichter liegn, am Stück.
Was is? Hast wieder neue Trick?

DICHTER

Erzähl ma nix von dera gwürfelten Blasen,
Beim Hischaugn werd ma da scho schlecht,
I siech bloß lauter Köpf und Nasen.
Bluatrünsti is, was jeder möcht.
A Kriminalkomödi wollns,

An sogenannten Rififi,
Wos' zu de Gangster ganz verstohlns
No helfa kunntn, da schaugns hi.
Wenn unseroana als Verpflichtung
Die Freud am Allerhöchsten gspürt,
Des is für de da drauß koa Dichtung
Und aa koa Stück, weil si nix rührt.
Wenn i mei Inners recht warmherzi
Liaßt redn und tats so niederschreibn
Und ihr, ihr führts des auf, erklärt sie,
Die Bande: Möchts uns gern vertreibn?
Da laß i liaba 's Dichten bleibn.
Des hoaßt, i schreib in d' Schubladn nei,
Dort solls für alle eigsperrt sei.
Vielleicht kimmt dann die Nachwelt drauf,
Was heut koa Mensch mir nimmt in Kauf.
I kann aufs Geld zwar net verzichten,
Doch bleib i liaba weg davo,
Fürn Augenblick möcht i nix dichten,
Was spater koana aufführn ko.

KOMÖDIANT Mir will die Nachwelt nix, auf de verzicht i!
Mei Liaba, i brauch Gegenwart
Die Leut, wias san, de san mir wichti,
Und de wolln habn, daß oana narrt
Und des san mir – mir spieln und gaukeln
Eahm scho was vor, dem Publikum.
Laß s' auf der Phantasie drobn schaukeln,
Des mögns, drum sei net dumm
Und schreib, was aufregt, hi und nieder,
Komödi ko net bunt gnua sei.
Mir gebn die Handlung na scho wieder,
Uns fallt beim Spieln ja aa was ei.
Und spiageln aa die Leidenschaften
Mit ihrer ganzen Wildheit durch,
Wer zuaschaugn will, der werd's derkraften,
Den reißt's net außer aus de Schuach.
Die Leut san direkt drauf versessen
Und wolln's net zimperli und fei,

Bloß den Hamur derfst net vergessen:
Der Kasperl muaß mit drinna sei.

DIREKTOR Da hat er recht, laß nur viel gschehgn,
Wenn d' Leut scho zahln, wollns aa was sehgn.
I hab ja gern mei Bude voll,
Daß ma koan rei mehr lassen soll,
Wenns an der Kassa dringend betteln
Um ausnahmsweis no zwoa Billettln.
Im allgemeinen soll's so sei,
Denn meistens gehngas paarweis nei.
De müassn stauna drin und gaffa
Und sagn hernach: Grad bäri wars!
A zwoats- und drittsmal einelaffa,
Als kam des Stück direkt vom Mars.
Mit Masse kannst die Massen zwinga,
Da werst berühmt, da habns di gern,
Du muaßt für jeden ebbas bringa,
Weil dann die andern aa mithörn.
Schreib viel und wechsel oft die Bilder,
Wenn aa net alles is ganz neu.
Den Anfang staad und allwei wilder,
Dann is für jeden was dabei.
Von Haus aus glei des Stück zerstückeln,
Des is des Gscheitste – dann floriert's.
Und spannend muaß sich alls entwickeln,
Ma kimmt ja doch und kritisiert's.

DICHTER I woaß, des laßt si net vermeiden,
Und habns aa selber nix im Kopf
Und wissen net, was Künstler leiden
Durch so an Gschaftelhuabatropf.
I siehch des alles viel genauer,
I bin a Dichter und a Bauer.
Du hast koa Gwissen als Direkta,
Sunst hättst net jedes Pfuschwerk gnomma.

DIREKTOR Dei Vorwurf is grad koa versteckta,
Und selber kritisiern, des konn er.

Wenn oana was Rechts macha will,
Dann muaß er halt sein Werkzeug kenna,
Und 's woache Holz taugt aa fürs Gspiel,
Zum Oschürn gwiß und zum Verbrenna.
Den, wo die Langweil außitreibt,
Des is derselb, für den ma schreibt,
Der wo sei Nachtmahl reich verschlunga,
Dazua aa no was trunka hat,
Der möcht gern habn, daß tanzt und gsunga
Werd no für eahm – des paßt eahm grad.
Wer müad dahoam vom Zeitunglesen,
Geht gern in d' Stadt zum Schiebetanz
Und waar bei uns leicht liaba gwesen,
Wo d' Weiberleit in Putz und Glanz
Mit aufspieln – ohne daß mas zahln.
De wolln bloß gsehgn werdn da und gfalln.
Ihr Dichter traamts so gern vom Ruhm,
Der hockt scho unterm Publikum.
Suach dir amal beim vollen Haus
Die sogenannten Gönner raus;
Kaltschnauzi gengas drüber weg,
Denn sie san reich und habn an Speck.
Sie sehgn di kaum und nachm Gspiel
Habn de ganz gwiß koa bschaulichs Ziel.
's Theater is no gar net aus,
Wollns scho durchs Hosentürl naus.
Im Separee wart scho a Schnalln,
Wos mehr als fürs Theater zahln.
Plag di net ab mit deine Musen,
Die Protzen kannst du net erziahgn.
Wenn de bloß hocka bleibn und lusen
Und mir von dene Eintritt kriagn,
Dann derfst no z'friedn sei, aber gwiß.
Du brauchst net schreibn, was wirkli is,
Du kannst di überall verirrn,
Dei Publikum kannst bloß verwirrn,
Befriedigen werst du des nia.
Ja, hast denn du koa Gspür dafür?
Was fallt dir ei? Der Wehdam oders Jubiliern?
I tat's halt andersrum probiern.

DICHTER Suach liaba dir an andern Knecht!
Als Dichter nimm i mir des Recht,
Daß i nix freventlich verscherz.
Mit was bewegt ma denn as Herz?
Und rührt's von Grund auf um und hoch?
I hab doch in der Brust koa Loch,
Und wia-r-i fühl, des is mei Gspür.
I habs scho gsehgn, des fehlt bei dir.
Du rechnast bloß: Was bringt des ei?
Da müaßast koa Direkta sei
Und aa amal zu dene ghörn,
De dankbar zuaschaugn drunt und hörn,
Wias Schicksal spielt ganz nachm Lebn.
Warum soll i des anders gebn,
Wia's is und sei ko um uns rum?
I will des Auditorium,
Des mit mir geht und mit de Gstalten,
De wo da drobn ihrn Vortrag halten.
Wolln des die Menschen net begreifa,
Dann sollns a Ruah gebn und net pfeifa.
Dann warn die Richtigen net vorhanden
Und habn mei Stückl net verstanden.
Obwohl – i sollts ja alle packa
Und kann's aa, wenn ma mi bloß laßt
I bin so schneidi und so wacker,
Daß i des schreib, was euch net paßt.

KOMÖDIANT Na also, raus mit deine Sachn,
I bring des Traurigste zum Lachn.
So wia mir spieln, auf des kimmts o,
Denn übrall hängt was Lustigs dro.
Und grad, wenn's hochdramatisch werd,
Hast scho die größten Lacher ghört
Erfind amal aan bsundern Freier
Und bring a Liebesabenteuer
Mit Nebenbuhler, lange Finger,
Laß oan oder alle Zwoa umbringa,
Wenns grad im höchsten Glück beinand.
Beim Schauspiel bleibt a jeder gspannt,

Grad bei aam gspielten Liabsroman,
Wenn no Rivaln mit drunter san,
Sie selber eahm no gar verrat
Und dann zur Straf gar koan mehr hat,
Verzweifelt drauf ins Wasser rennt,
San oft no Lacher da am End.
Glang nei ins volle Menschenlebn,
Dann muaß a Stück zum Aufführn gebn.
A jeder lebt's in jedem Stand,
Und wos d'as packst, is interessant.
Mit Wirrwarr und a bissel Wahrheit,
Mit Bildln und ganz weni Klarheit,
Bis zu der Lösung dann am Schluß –
Des bringt Komödie erst in Fluß.
Gar für die junga Nachwuchsleut,
Wo jeder nach Aufklärung schreit,
Werd des a Trankerl, des eahm schmeckt
Und aa die Alten no erregt.
Allsamm wollns woana und wolln lacha:
A lustigs Trauerspiel muaßt macha!

DICHTER I glaub, wenn i auf di wollt horn,
Kunnt's wohl a traurigs Lustspiel wern.
Gib liaba mir de Zeiten wieder,
Wo i no selber Schulbua war
Und recht naive Hoamatlieder
Hab aufgschriebn als verliabta Narr,
Mei Hannerl selig odicht hab.
Die erste Liab is längst im Grab.
Wia no die Welt für mi vernebelt,
Bloß Blüh und Knospn hab i gsehgn,
Der frische Geist war no net knebelt,
Neamd hat sich kümmert meinetwegn.
I war no frei und jung der Trieb,
Unbandig war der Daseinsdrang,
I hab nix gmerkt von Angst und Bang –
De Jugend mir doch wieder gib!

KOMÖDIANT De Jugend braucht ma allenfalls,
Wennst als Soldat muaßt naus ins Feld,
Fallt dir a Madl um an Hals
Und wenn beim Fuaßball oana fehlt.
Aa wennst die Faschingszeit durchtanzt,
So lang, bis Gwand und d' Schuah derfranst.
Und wenn euch mehr beim Saufa san,
Markierst an Oberzechkumpan,
Der wo an Festrausch übernimmt
Und drei Täg net ins Bett neikimmt.
Für Schabernack und Übermuat,
Da san die junga Jahr no guat.
Für alte Herrn dagegn is besser,
Sie halten sich a bissel zruck,
A Trinker und a starker Esser
Hat glei sein Magn- und Leberdruck.
Beschaulich klingad wia-r-a Zither,
So soll dei Tagesablauf sei,
Deswegn bist no koa trauriger Ritter:
Mir schätzen euch net kindisch ei.
Mir sagn sogar als junge Hachten:
Aan alten Dichter muaß ma achten!

DIREKTOR I glaub, mir habn iatz gschwefelt gnua.
Mir kemma auf koa gleiche Spur,
Wenn mir den Kernpunkt übersehgn.
Iatz muaß amal was Nützlichs gschehgn.
Des Rumziahgn hat für mi koan Wert,
Solang a jeder schimpft und plärrt.
Und dann hat wohl im Musenhort
Der Herr Direktor 's letzte Wort.
I zahl euch schließli alle zwoa.
Herr Dichter, wann kriag i dei Woar?
Du woaßt iatz, was ma braucha müassen,
Laß dir des Denka net verdriaßn
Und dicht amal was Zünftigs zsamm.
Was heut net gschiehcht, kannst morgn net habn.
Du sollst koa Stund iatz mehr verpassen,
Taat di am liabern eisperrn lassen,

Bis d' Meldung kimmt: Iatz bin i ferti!
Drum ziahg di zruck, net oana stört di.
Du woaßt, auf unserm Volkstheater
Probiert a jeder, was er mag.
Drum schreib was, alter Musenvater,
Und scheuch ma net die Müah und Plag.
Prospekte und Versenkmaschinen
San da und aa Kulissen gnua,
Mit Wasserwelln und Luftgardinen
Sollst sehgn, daß i dir alles tua.
Stern laß i leuchten, Feuer speibn
Und regna laß i, donnern, blitzen,
Laß wilde Viecher außetreibn,
Raketen fliagn, daß d' Leut grad spitzen.
Fürn Herrgott selbn an Himmelsthron
Laß i dir in dem Bretterhaus
Aufstelln, wenn du was schreibst davon.
Die ganze Schöpfung broat i aus,
Vom Himmel durch die Welt zur Höll.
Iatz woaßt, was d' schreibn muaßt – aber schnell!
Schau zua, daß der was z' lerna kriagt
Und daß ma bald an Vorhang ziahgt. (Ab)

DICHTER Das letzte Wort kriag i, Gott lob's! *(Ab)*

KOMÖDIANT Naa I! Er schreibt's! I hob's!
Anzetteln, vorschreibn laßt si leicht
Und antreibn ausm Hintergrund,
Wenn ma zum Ausprobiern koan bräucht,
Der schließli für sie durchfalln kunnt.
I muaß der sei, der des net scheucht.
Die Leitung scheint auf Draht,
I steh für alles grad,
Denn vorn is der Soldat
Und hint der Staat.

Der Spiellader

Iatz sag i halt: Grüaß Gott beinander,
Und lad euch ei, so wia si's ghört,
Die Weiberleut und aa die Mander.
Koa Angst, mir fanga's harmlos o,
So wia ma's halt no darstelln ko.
Was die Lebendigen no net kenna
Und mir a so als Himmel nenna,
Des is der überirdische Raum,
Und vorstelln kannstn nur im Traum.
Eibilden tean ma 'hn uns halt oft
Als Bleibats, des ma gern derhofft.
A paradiesisch ewigs Lebn
Und lauter Freuden soll's dort gebn.
De derfa sogar irdisch sei,
Und d' Wollust schliaß ma aa mit ei,
Weil viele sagn: Des schöne Gfühl
Müaßt ewi dauern. – Na, wer's will,
Soll's meintwegn habn als Doppelwesen.
Er laßt sich wieder gern erlösen,
Nach vierzehn Tag hätt er scho gnua
Und bittat um die ewige Ruah.
Na, na, mi'm leiblichen Genuß
Is in der Ewigkeit drübn Schluß.
Die Auferstehung des Fleisches is
Wohl so a Gred und gar net gwiß.
(Theaterdonner)
Auweh! – da hörst an Donner grolln,
I hätt mi net so äußern solln.
Na ja – i ghör net zu de Gscheiten,
Des müassen andere ausdeuten,
De wo des besser übersehn.
Solln de vom Himmel drüber redn,
Den stelln ma euch iatz szenisch vor
Mi'n Herrgott und mi'n Engelchor,
Ganz nach de heiligen Büacha.
Seids stad – wia-r-in da Kircha!

Der himmlische Prolog

oder

Wia der Teufel-Unter mit de Gotts-Obern verhandelt

RAPHL La suno sonas lau maniero
Konkura kant'en frata sfero.
La universo plena plen'…

MICHL Koa Mensch versteht des sur la tero,
Du muaßt in dem Fall boarisch redn,
Weils Esperanto no net kenna.

RAPHL Ja so, 's is schad und schö war's, wenn…
Wia soll i's denn auf boarisch nenna?
Die Allmacht, die uns gibt die Stirkn,
Weils koana wohl dergründen mag,
Des unbegreiflich hohe Wirken
Is gleich no wia-r-am ersten Tag.

GABL Wia schnell, wia sausad draht si alls,
Sogar des Ballerl Menschenmacht
Grad wia a Köpfl um an Hals,
Schaut's zerscht in Tag und dann in d' Nacht.
's Meer bäumt sich auf in broate Welln
Und frißt si nei in Felsengrund,
Wo letztenends die Schiff derschelln
Und nimmer gsehgn werdn bis zur Stund.

MICHL Ja, nunter bohratns zu gern,
Glei durche bis ans andere End,
Wenn net so feurig war der Kern.
Sie wissen scho, daß drin no brennt
Dafür versuachas jetzt im All,
Obs net a Sternverbindung kriagn,
Und ab und zua siehgst so an Ball
Glei bis zur Marsbahn zuawi fliagn.

RAPHL A blitzats, flitzats Aufbegehrn
Is des, und doch bedeut's no nix,
Denn Deine Boten, Herr, verwehrn
Den Angriff no mit scharfe Wichs.

GABL Sie stelln sich gar net ungschickt o,
Vielleicht kriagns aa den Dreh no raus.
Ausgrechnet habn sie's guat, de Boh,
Trotzdem geht eahna net alls naus.
(Zum Luze)
Dir tat's ja passen, schelcher Wuz,
Was willst denn, unwillkommener Gast,
Du Satanskraut und Garnixnutz?

LUZE Was du nur grad scho wieder hast?
Wenn doch der Herrgott selber kimmt
Und fragt, wia alles geht und steht,
Dann will ER, daß i aa herfind.

GABL Dei Auskunft moan i, brauch ma net.

LUZE *(zum Herrgott)* Derf i mi an Di selber wenden?
Geh gern zum Schmied und net zum Schmiedl.
I war ja aa scho da herenten,
Na, laß mer's weg, des alte Liedl.
I bin gar net für schöne Sprüch,
Weil mi die Dein ja doch verlacha.
I moan die Menschen ihre Schlich,
Du woaßt ja selber, was alls macha.
'leicht amüsierst Di gar no drüber,
Wenn mir der Ausdruck is erlaubt.
Daß Dir des paßt, verschweig i liaba,
Weil des von Dir doch koana glaubt.
Alls, was da drunten is geborn,
Is mit der Zeit recht mulmig worn.
Ja wenns vom Himmel nix tan wissen,
Dann tan sie sich wohl leichter lebn.
Doch so: Vor lauter schlechtem Gwissen
Will koana mehr a Ruah drunt gebn.

Der Mensch hoaßt des Vernunft und spinnt
Auf Gott woaß was –
I kim net drauf.
A jedes Viech is net so hint
Und laßt die Welt in ihrem Lauf.

HERRGOTTSSTIMM Hast wirkli weiter nix zum sagn,
Als allwei wieder und wieder klagn?
Die Erdn paßt dir scheint's net recht?

LUZE Na ja, sie is doch wirkli schlecht,
Und Deine Menschen tean ma load,
Net bloß die selbn, de ohne Pfoad
Und nackert no im Dschungel lebn.
Es sollt halt überhaupt koa gebn,
Weil's des Lebendige gar net bräucht,
Wo oans des andere greift und frißt.
Was lauft und schnauft, was kreucht und fleucht,
Des bringt si um – daß Du so grausam bist?
Und laßt des zua – mei Werk is net,
Obwohl's zum Teufel besser steht.

RAPHL Des geht iatz z'weit!

GABL Iatz haltst dei Maul!

MICHL Zum Kritisiern is koana z'faul.

RAPHL Dir fehlt's im Hirn.

GABL Naus ausm Tempel!

HERRGOTTSSTIMM Laßts eahm nur redn.
Der Erdball is bloß mei Exempel.
Vollkommen soll er gar net sei,
Sunst mischat er sich ja net drei.
Wenn alles guat waar drunt und brav,
Gaabs koane Löwn, bloß lauter Schaf.
Koan Manta und koan Hai, bloß kloane Fisch,

Und Reh und Hasen in de Büsch,
Koan Adler gaabs und koane Geier,
Koan Bussard und koan Frosch im Weiher.

LUZE Und aa koan Storch, koan Kinderbringer,
Im höchsten Fall aan Wolpertinger.
Koan Bazi mehr mit lange Finger,
Bloß Menschen, die Laudamus singa.

HERRGOTTSSTIMM Es kunnt wohl schö sei, wenn alls möcht
Der Mensch is guat...

LUZE Doch d' Leut san schlecht.
Und wia ma siehcht, verderbn die Leut
Aa no den Menschen mit der Zeit.
Der alte Herr hat viel Humor
Mit seiner Erden als Versuchslabor.
I find, der Mensch bräucht für sei Gstell
Scho lang amal a neus Modell.
Sei Knochagrüst auf jeden Fall
Is no von Anno dazumal.
Aan stärkern Motor muaßt eahm gebn,
A bessers Herz zum länger lebn.
I hätt'n raffinierter gmacht;
Vier Händ und Katzenaugn für d' Nacht
Und Läuf dazua mi'n vierten Gang,
Und Flügel, wenn aa net so lang
Wias Deine Erzhausknecht hint hobn.

HERRGOTTSSTIMM I will koa Serienproduktion.
A jeder kriagt sei bsonders Gsicht
Und aa sei eigne Lebensgschicht.
Gleichgschalt is nix, abzogn und paust.
Der Mensch kann gwinna oder scheitern,
Er kann verderbn und kann sich läutern.
Kennst du an Faust?

LUZE Den Bauerndokta? Mei, mir graust.
Der woaß ja gar net, was er will,

Und is scho mehra schwul als schwül.
Vom Himmel möcht er jeds Gestirn
Und is ganz durchanand im Hirn.

HERRGOTTSSTIMM Net glei so gaach. Er is verworrn,
Und deswegn hab i'n auserkorn.
Der Gärtner woaß, wenns Bäuml grünt,
Daß d' Frucht net ausbleibt mit de Jahr.

LUZE Wenn's net als Früchterl fallt vom Wind.
Werst sehgn, der werd für mi a Star.
Heut wett i, daß euch der vergrat.
Du brauchst mir bloß amal erlaubn,
Daß i a Zeitlang den beschatt,
Dann ghört er mir, des derfst ma glaubn.

HERRGOTTSSTIMM Solang er auf der Erden lebt,
Is dir der Umgang net verboten.
Irrn tuat der Mensch, solang er strebt.

LUZE Guat! Einverstanden! Mit de Toten
Hab i mi nia recht gern befaßt.
I mags, solangs no lusti lebn,
A Leichnam is a müader Gast.
Da hock i wia-r-a Katz danebn.
Mi interessiert koa tote Maus,
Da geh i liaba und reiß aus.

HERRGOTTSSTIMM Es sei der Faust dir überlassen!
Probier's und ziahg sein Geist in d' Höll.
I woaß, der taat dir bsonders passen,
Den aber gwinnst du net so schnell.

LUZE Für was bin i der Luzifer?
I nimm an scho auf mei Weis her,
Scho weil Di des scheint's net geniert,
Wenn unseroana d' Welt regiert.

HERRGOTTSSTIMM Durch di is Unglück freili größer,
Wenn's di net gab, war manches besser.
Doch manchmal schaust net so recht hin,
Der Faust is doch mei Mensch schlechthin.
I habn scho als Adam gmacht
Und allwei wieder und wieder bracht
Im weltgeschichtlichen Zeitenlauf.
Er kimmt bloß selber no net drauf.
Fallt aa net durch trotz aller Lust,
A Guata hat im finstern Drang
Den rechten Weg no allwei gwußt.

LUZE Trotzdem, es dauert nimmer lang,
Dann gwinn i d' Wett, verlaß Di nur.
Der halt si guat auf meiner Spur,
Und is er mir durchaus verfalln,
Dann hab i gwunna und ko prahln:
Dei Faust, Herr Gott, is müad und wund
Und scho verdorbn bis aufn Grund.
Da siehgst Dei Werk – es stinkt vom Dreck,
Und Du werst sagn: Furt! Tua'n weg!

HERRGOTTSSTIMM So denkt er sich, der Luzifer:
Wenn's so weit is, dann kimm nur her
Und zoag di wieder mit deim Gfrieß.
Wennst aa negierst, was für mi gwiß,
Verfolg i di net mit meim Zorn.
Fürs Böse bist amal geborn,
Und jeder, der mit dir verschworn,
Is in der Zeit für mi verlorn.
Der Mensch, der liaßt si no mehr geh,
Wenn er die Höll net fürchtn taat.
Drum sag i net: Den laßt ma steh!
Und wenn's 'n no ganz owi waht;
Wenn er's bereut, is no net z'spat.
Was ewig is, des bleibt und wird
Im Himmel mit der Liab verbunden,
Drum folgts, wohin die Allmacht führt,
Dann ziahgt euch der da net nach unten.

Die drei Erzengel Eterna estas via ago
Samforta de unua tago!

Raphl Die Himmelskonferenz is aus
Iatz schleich di, Luze, und geh naus!
(Zwischenvorhang)

Luze So ab und zua siehch i den Alten gern,
Denn er markiert net bloß an Herrn.
Er is scho – bloß brauch i net betn
Und derf sogar als Teufel mit eahm redn.

Der Spiellader

I setz den Fall – es kunnt ja sei –
Der Goethe waar a Bayer gwen
Und fallert eahm des gleiche ei
Und waar mit uns erst heut am Lebn –
Wia hätt er da den Faust wohl gschriebn?
Die Zeit is ja net hänga bliebn.
Zwoa solche Kriag am deutschen Gwissen?
Der hätt ja 's Firmament eigrissen!

Mir drahn die Zeit natürli zruck
Zum Gspenster- oder Geisterspuk
Und leuchten in d' Studierstubn nei.
Der Faust werd wohl grad drinna sei
Und aufbegehrn und meditiern.
Der packt des Stück jetzt mit seim Hirn.
Wia weit er kimmt, des stellt sich raus,
Doch ohne Geist kimmt er net aus.
Und kemma tuat er und macht Angst,
A so, daß d' glei fürs erstmal glangst
Der Himmel is bloß Vorspiel gwen,
Ab jetzt is erst der Faust zum sehn.
A Mensch schlechthin, der strebt und tracht
Und woaß net, wia-r-er's richti macht.
Verfolgts mit uns sein Lebenslauf,
Hockts euch fest hi und paßts guat auf.

Die Faustnacht
oder
Wia der Bauerndokta den tierischen Ernst zitiert

FAUST Alls hab i mit der Zeit studiert,
Austüftelt, hin und her sinniert,
Hab allwei rumghorcht fruah und spat
Und doktert ohne Doktagrad
Als Reit im Winkelavikat.

Heut steh i da als wia-r-a Depp,
Als hätt i alls bloß gschriebn auf Krepp-
Papier – des bessere fürs Häusl.
I bin net gscheiter als a Mäusl,
Des wo sich locka laßt vom Speck –
Auf oamal hängt's, und scho is weg.

Magister hoaßens mi, Professer,
Und bin bloß so a Schirmvergesser.
Viel liaba waar i no Minister,
Dann kunnt ma sagn vo mir: Viel frißt er!

Was hilft mi jetzt der Titel gar?
Jetzt ziahg i doch scho Jahr für Jahr
Im ganzen Land so umadum
Und d' Schulbuabn an der Nasn rum
Mit lauter Experimenta,
De Himmelsakramenta!

Heut woaß i, daß i gar nix woaß,
Des macht mi no ganz wild und hoaß,
Und gscheiter, glaub i, san scho d' Affen
Als wia de eingebildetn Laffen,
De in der Zeitung kritisiern
Und gstohlne Büacher zsamma schmiern.
Wahrscheinli ghör i aa zu dene,
Denn nebnbei moan i, notabene,

Hab i bis jetzt falsch kombiniert,
An cerebrumus malträtiert
Und ganz verkehrtrum spintisiert.
Vom Gottglaubn und aa von de Götzen
Laß i mi diam oft uma hetzen.
I bin net dumm, i bin net gscheit,
Saugranti bin i, hab koa Freud.
Die Leut san aa net zum belehrn,
Es laßt sich ja koa Mensch bekehrn
Von mir, mit ohne Haus und Geld –
Wer acht mi scho auf dera Welt?
Es hebt koa Hund aan Hax auf mi,
I glaub, mit mir geht's bald dahi.

Laßt's mi nur ja net überlebn,
Sunst müaßt is aus de Angeln hebn,
Die ganze Welt mit Simsalabim,
Daß grad alls zittert, wenn i kimm.
Aufreißen und auftrenna!
Ja zaubern – zaubern sollt ma könna!
Und wissen, was i no net woaß:
Was fliagt und kriacht, schick i auf d' Roas,
Den Globus muaß i no entkerna
Und 's ganze Ingräusch kennalerna.
Sehng möcht i alls bis aufn Grund,
Dann kimm i leicht no aufn Hund.

Gel, Mondgsicht, du schaugst jede Nacht,
Wennst voll bist, wia-r-i d' Zeit verbracht
Und mit de Formeln kalkulier.
Draufkumma bin i doch no nia.
Ach, kunnt i doch bei dir drobn znachst,
Da wo ganz gwiß koa Pfeffer wachst
Und aa koa Maulwurf sich verkriacht,
Spaziern geh in deim gstohlna Liacht.
Mit Geister rumziahgn und mit Gspenster,
Des war mei Traum, mei allerschönster.
In deine Krater möcht i badn
Und Feuer speibn – so bin i gladn.

Derweil hock i in dera Kaicha,
Muaß zwischen de vier Wänd rumschleicha.
Statt dem Natürlichen drauß im Lebn,
Des scheinbar für die Menschen gmacht,
Bin i von lauter Glump umgebn
Und mit meim Boanagstell verkracht.

A Funsel hab i bloß zum Schreibn,
Koa Sunn scheint durch die gmalna Scheibn,
Verstocka muaß i da herinna
Vor lauter Ratzen, Mäus und Spinna.
Hab i den Bsuach vielleicht erlaubt?
Wurmstichi d' Büacha und verstaubt,
Des alte Graffl von der Muhm,
Glasröhrln, Mörser stehnga rum
Und alle möglichen Instrumenta.
I kenn mi nimmer, wia-r-a Fremder
Kimm i mir vor. Aft ziahgts mi zsamm,
's Bluat ko net laufa – wia-r-a Damm
Halt's mir aan Kreislauf auf und bremst.
Da wennst di net dagegen stemmst,
Brustkasten, nachha ruck ma ei!
Es wart auf uns koa Heiligenschei.
Was soll i no mit meiner Seel?
Aam Teufel gib i's in der Höll
Und seiner Oma, dera Loas,
Wenns auße fahrt als wia a Schoaß.

Ja, naus muaß i, ganz wurscht wohi,
Oa Büachl nimm i mir no mit
Vom Nostradamian, dem Genie.
Auf des hab i no Appetit.
Draus lern i, wia die Stern verkehrn,
Von dene laß i mi jetzt weisen.
Dann wer i scho mondsüchti wern
Und kann auf all's herunter – hätt bald was gsagt.

Wia sagt der oane Geist zum andern:
Dei truckas Wissen is a Schmarrn!

Wennst sehgn willst, wias zum Himmel wandern,
Dann muaßt aus deiner Haut rausfahrn.
He, unsichtbare Gspensterfliagn,
Kunnt i von euch a Antwort kriagn?
Is koana da, der uma spukt,
der sich net feig vor meiner druckt?
Was is mit euch? Wer laßt sich sehgn?
Wen i scho ruaf, muaß aa was gschehgn.
Verstehts ihr mi? Iatz laßts was hörn!
Wia kann i oan von euch beschwörn?
(Macht magische Zeichen über seinem Buch)
Firle furle mistimasti
Tschastiquasti gummielasti
Dumsti bumsti tralawatsch
Kimmi kummi ritschi ratsch
Ekaperu wichlwachl
Schwirrst vielleicht scho rum ums Dachl?
Zoag di doch, du Gspensterviech,
Denn i glaub bloß, was i siehch!
(Aus Donner, Blitz und Rauch erscheint ein riesig-phantastischer Tierkopf)

GEIST Da bin i scho! Wer schreit mi o?

FAUST Bist du der Geist, der geistern ko?

GEIST Was willst? So red alsdann!

FAUST Hübsch gräusli bist, was i so spann.
Ob i di aushalt, woaß i net.

GEIST Der wo an Geist aufruaft, der steht
Und schautn o ganz ungeniert
Hast mi so schneidi herzitiert,
Und iatzat schlotterst glei vor Angst?
Sag, Grischperl, was d' von mir verlangst?
Du Suppenmensch, red, wennst di traust!
Wo is er denn, der Dokta Faust,
Der alls möcht aus de Angeln hebn

Und mit de Geister weiter lebn?
Du Schlappschwanz du, du gringer Wurm!

FAUST Laß mir nur Zeit, den ersten Sturm
Wer i bald überwinden.
Du bist ja wia-r-a Feuerturm
Grell auftaucht von da hinten.
Recht menschli schaust ja grad net aus:
Mit dir so redn, is wohl a Graus.
I weich net aus, brauchst gar net moana,
I gib dir raus, i bin so oana.
Was du bist, bin i schließli aa,
I fang mi scho, du Tausendsaa –

GEIST Du möchst di wohl mit mir vergleicha?
Woaßt was, i wer mi wieder schleicha.
Du spinnst komplett, mehr sag i net
Bleib dort, wosd bist mit samt dein Gfrett.

FAUST Des is ja des, was i net möcht.
Wia soll i mi verhalten?
Was mach i falsch, und was is recht?
Soll i vor dir die Pratzen falten
Und alle fünfe grad sei lassen,
Vor dir vielleicht am Bodn rumkriacha?
Des taat dir wohl am bessern passen,
Du nixiger Luftwindhund, du schiacha!

GEIST Idiotentrottell! Blöder Kerl!
Ma soll si mit dem Menschengschwerl
Ja gar net abgebn, 's is net wert,
Und außerdem bist du mir z'gschert.

FAUST Wer is von uns zwoa der Gemeiner?
Du redst wia-r-i, bist aa net feiner.

GEIST So frech is mir no koana kemma,
Di möcht i schier als Ghilfen nehma.

FAUST	Des Angebot is zwar net schlecht, Bloß machat i gar nia dein Knecht, Denn i kann ohne Erdenschwern Des gleiche Gspenst wia du no wern.
GEIST	Dei Hochmuat steht dir net guat o, Wenn i di will, di kriag i no!
FAUST	Geh weiter, du – wer bist denn scho? Bist mächtiger als der Herrgott, sag?
GEIST	Für mi bist du a kloane Fliagn.
FAUST	Gib doch a Antwort auf mei Frag!
GEIST	Du kimmst net über d' Himmelsstiagn.
FAUST	Warum weichst mir auf oamal aus Und ruckst net mit der Antwort raus? Obst übern Herrgott stehst, des möcht i wissen, Wia-r-i dir gschrian hab, hat's di grissen.
GEIST	Mögst wohl aan Schöpfer selbn zitiern?
FAUST	Du werst des aa net leicht riskiern, Und mi kannst gar net alarmiern. I aber mit mein Sonntagshirn Hab di heut zwunga – gsteh's nur ei. Es kann aa gar net anders sei. Scho in der Schul habns uns drauf drillt. Mir sanma Gottes Ebenbild!
GEIST	Wia du da drunt vom Jenseits redst! Als wennsd' a Privilegium hättst Was woaßt denn du von da herenten?
FAUST	Und du von uns? Mi kannst net blenden! Warst überhaupt scho auf der Welt? Bis jetzt hast nix davo erzählt.

Wo stammst denn her? Wann hast denn glebt?
Wenn dei Erinnerung no hebt,
Dann muaßt des wissen, gibs nur o.
I glaub, an dir is net viel dro.

GEIST Haha, du fragst mi nach meim Stand?
Woaßt, was i war? A Elefant!
A Haifisch und a Riesenwal,
A Adler war i aa amal,
Doch nia a so a Jammergstell,
Wia du oans bist – mit so a Seel.
Im Jenseits, wo der Mensch versinkt,
Herrscht tierischer Ernst – der Urinstinkt
Regiert den ganzen Sternenlauf.

FAUST Geh, setz mir koane Hörner auf!
Da hätten ja die Tierkreiszeichen
Am End vielleicht gar no an Sinn?
Mi'n Schicksal kann mas kaum vergleichen,
Da kannst bloß sagn: Es haut net hin.
Wenn doch der Herrgott alles lenkt,
Dann lauft's so regulär net ab,
Weil net alls nachm Sternbild hängt.

GEIST Was redst denn da, du dummer Lapp?
Ihr halts an Schöpfer für an Mo
Mit Vollbart, der bald nimmer ko,
Umgebn von Engel, de voll Schimmer
Hoffärti san wia Frauenzimmer,
Mit Lockenhaar und goldne Flügel.
Da gib i dir scho Briaf und Siegel,
Die Allmacht schaugt ganz anders aus.

FAUST Und du? Nimmst du dir aa was raus?
Hast mit die Zügel in der Hand?
Wia schaut's denn aus, des Himmelland?

GEIST Du redst vom Land? Da gibts koan Stoa,
Koan Baum, koan Bach, koan Wiesenroa.

Da warst du neamd und nix – koa Lüfterl
Warst, koa Körnl Sand, koa Stäuberl,
Nix halt di zsamm, koa Splint, koa Schräuberl.
Dei ganzer irdischer Überrest,
Mit dem du drunten weiter bstehst,
Is des, was fault und werd zum Dung,
Bringst höchstens Unkraut no in Schwung.
In dem lebst weiter, ganz von vorn,
Wenn's guat geht, bis zum Gerstenkorn.

FAUST Und was is mit der Seel, mi'n Geist?
Der ohne Korpus nix mehr leist?
Is der verlorn, is der dahi?

GEIST Du bist so gscheit und doch fragst mi?

FAUST Weil du a Geist bist oder was
Und hast a anders Augenmaß.
Verstehst wahrscheinli net viel Gspaß,
Vor lauter Ernst bist ziemli raß,
Kennst höchstens no a hölzers G'lachter,
Vielleicht bist ogstellt drübn als Wachter.
Dann müaßt ja wissen wia des is
Mit uns. Sag, gibts a Paradies?

GEIST I habs scho gsagt, von euch da drunten
Hab i im Jenseits koan mehr gfunden.
Ihr seids und bleibts scheint's erdgebunden.
Wohl kenn i oa, de selig san
Und nimmer zu euch zruckgeh tan.
De lebn so ziemli unbewußt
Im Paradeis nach euerm Glust.
Des aber kann ma vorn und hinten,
Wia du moanst, net im Jenseits finden,
Und räumlich san de unbeschränkt.

FAUST I hätt mir denkt, da gab's a Land.
Wo werdn die Bösen denn verdammt?

GEIST Zum Beispiel du? ’s is umasunst,
Aa wennst di gar no bessern kunntst,
Di werd dei Dasein oft verdriaßen
Und werst as oft no durchsteh müassen,
Jahrhunderte no durch die Zeit,
So lang, bis taugst für d’ Ewigkeit.

FAUST Hoaßt des vielleicht, mei Seel muaß wandern
Von oana Generation zur andern?

GEIST Für di gibts nach der Erdverwesung
Koa Höllenfahrt und koa Erlösung,
Des möcht i dir zum Abschied sagn.
Wennst gstorbn bist, pack i di beim Kragn
Und schick di wieder zruck auf d’ Welt:
Glei nachm Sarg is d’ Wiagn scho bstellt
So groß wia d’ bist, so kloa werst wieder,
Di druckt die Demut aa no nieder.

FAUST Moanst du, daß i vor deiner krebs?
Di scheuch i höchstens wia-r-an Weps.
Was is, wenn mir mit Raumraketen
Uns no ins Weltall außi retten?

GEIST Es hilft euch nix der Himmelstoß,
Denn von da drunt kemmts ihr net los.
Ihr habts zvui ogstellt, was net recht,
Und im Verhalten seids halt schlecht
Wenn d’ Viecher waarn alloane bliebn,
De hätten’s net so lumpert triebn.
Der Mensch, der hat sei Welt verspielt,
Solang bei euch das Faustrecht gilt.

FAUST Des geht auf mi, soviel i merk.
Die Politik is net mei Werk,
De habn ganz andere erfunden,
I hab aa no koan Kriag ozunden.
Kann’s aa net hindern, wenn’s wo kracht,
Weil oana alloa koan Kriag net macht.

GEIST I sag bloß oans no: guate Nacht!

FAUST Geist, bleib doch da! Verlaß mi net!
I woaß ja net, wia's weiter geht?
Iatz is er furt, i siehch nix mehr
Und bin net gscheiter als vorher.
Was hat er gsagt, der Fürchterlich?
Der Mensch is weniger als a Viech?
Und i hab gmoant, er IS a Viech.
A so a Schmarrn, des gibts ja nia! *(Es klopft)*
Was is? – Wer klopft denn an der Tür?
Mei Ghilf is wach wordn, denk ma's scho,
Daß der jetzt aa net schlafa ko.

FEDERL Habts Ihr net grad laut deklamiert,
Vielleicht a griechisch Trauergspiel?
Hätt gern davo was profitiert,
Ma hört davo net gar so viel.
I woaß bloß, daß a Komödiant
An Pfarrer no was lerna kannt.

FAUST Ja wenn der Pfarrer oana is – kunnt sei.

FEDERL In Kircha kemma selten nei.
I derf mi kaum a Stund entferna
Als Eahna Faust-Museum-Deana.
Festgnagelt lernt ma d' Welt net kenna,
Wann hab i scho a freie Stund?

FAUST Du werst net gscheiter und net schöna.
Zum Masseln hast du gar koan Grund.
Der wo's net gspürt, dem fliagt nix zua.
Und dann bist langsam wia-r-a Schneckn,
Zum Richten gab's herin grad gnua,
Doch du laßt alles bloß verdreckn.

FEDERL I waar halt aa für höhere Sphären
Und möcht so ausgebildet sei
Wia ihr – mit all den irdischen Ehren.

FAUST Die Bildung bildt ma sich bloß ei.

FEDERL Ja freili bin i no weit zruck,
I bring mei Red aa net so hi,
Da fehlts scho no um so a Stuck.

FAUST Halt di net gar so fest an mi:
Bloß mit am eigna Hausverstand
Kannst profitiern – es muaß oam liegn.
Hast deine Sinn net selbn beinand,
Bleib liaba stad und recht verschwiegn.

FEDERL Jaja, des Kunst eigebn braucht lang,
Und viel zu kurz dafür is Lebn,
Drum hab i aa no net den Drang.
I fürcht mi bloß vorm Geist aufgebn.

FAUST Solangsd' koan hast, is net so arg,
In dem Fall tuast di du wohl leicht.
Des große Hirn is wia-r-a Quark,
Aa wenn des kloane viel erreicht.

FEDERL A Unterschied is dengerscht wohl,
Die Zeit, wo i an Euch so ghängt,
Hat Euer Hirn – hochachtungsvoll –
Mir doch so manches Neue gschenkt.

FAUST Es hat oa gebn – de san scho gstorbn –
Von dene habn ma viel erworbn.
Doch is die erst Vergangenheit
Für uns a Buach mit lauter Siegel.
Wia oft hat sich die Welt scho ghäut,
Zammgschmolzn wia-r-im Tiegel.
Mir san doch redegeneriert.
Der Mensch war scho viel gscheiter,
Und wenn er wieder zu gscheit wird,
Dann find er nimmer weiter.
Und wachst er wirkli drüber naus,
Fallt 's Kartenhäusl wieder zamm.
Da kennt sich bloß der Teufel aus,

Und der sagt nimmer: In Gotts Nam.
Wost hischaugst, schimpfa d' Revoluzzer.
Alls, was lang dauert, is net schö.
's gibt z' weni Geber, mehrer Nutzer,
Und koana will gern umme steh.

FEDERL Hat net der Mensch a Herz, a Gmüat?
An dem müaßt ma'n wohl kenna?

FAUST Kimmt vor, doß oana so was gspürt.
's Kind muaßt beim rechten Nama nenna.
De paar, de des amal versuacht,
Der Umwelt sich a so habn gebn,
Wias san, de hat ma doch verfluacht
Ans Kreuz higschlagn, verbrennt im Lebn.

Naa, mit der Menschheit kannst net raffa,
Mir tan sie's vielleicht grad so macha.
Ja, da brauchst net so deppert lacha,
I mag net mehra redn – geh schlafa!

FEDERL I hätt so gern bei Euch no gwacht,
Damit i's zsammreim über Nacht,
Und grad für morgn zum Ostertag,
Da hätt i no so manche Frag.
I bin, wia ma so sagt, beflissen,
Ebbs woaß i wohl, doch i möcht alles wissen. *(Ab)*

FAUST O mei, du armer Famulus,
Verlang dir nur net zvui davo,
Sunst hockst auf oamal da zum Schluß
Und werst verruckt – i bins ja scho.
Oft grabt ma nach am goldna Schatz
Und freust di, wennst an Regnwurm findst
Des is a so, wia wennsd der Katz
Zum Mausen no a Schelln umbindst.

Der Zwischenauftritt war net groß,
Doch bin i die Verzweiflung los,

Die mir der Geist verursacht hat.
A so a Viechgeist fehlt mir grad.
A göttlichs Ebnbild – Herrschaftsaa –
Der hat so to, als war er's aa,
Mehr als a Mensch – ja Faunafix,
Da stands Viech obn, der Mensch war nix?
Für was hat unseroans studiert,
Wenn der Instinkt drübn mehra gilt?
Bis jetzt hat mi der net kuriert,
I zoag's eahm, wia ma Solo spielt.
Des Guate in der Welt nimm i
Für mi in Anspruch ganz genau,
Vielleicht is alls Menagerie,
Oft siehcht ma ja bloß grau in grau.
I möcht mi mit de Geister messen,
Net bloß als Wurm, als kriachats Viech,
Des bloß vom Staub no derf was fressen
Und dann dertretn werd sicherlich.

Is net alls Dreck, was uns umgibt,
Der Fuaßbodn, d' Mauern und die Decka?
I selber, wenn's mi owikippt?
Ja, net im Staub kannst di verstecka,
Der Knocha halt vielleicht no her,
So wia der Schädel, der so grinst.
Was warst denn für a großer Herr?
Obst du dei Hirn wohl wieder findst?
A boanigs, owagfieselts Gstell,
A hohls, a gräuslichs no dazua,
Is alles, was von uns no bleibt.
Mein Herr, seit deiner ewigen Ruah
Bist aa bloß Dung, ders Unkraut treibt.
Dei Hirn hat gsuacht grad wia des meine
Und hie und da scho was erfunden.
Hast überlegt – ma dringt net eine.
Was san mir doch für müade Kunden.
Oft hab i gmoant: Iatz hat was zunden,
I hab den Stoa, der alles woaß,
Und dann war's doch a falsche Runden,

Scho wieder bist im falschen Gloas.
Es haut di allwei wieder außi,
Ma werd net reif – des Lebn is lausi.
Den Schleier reißat ma gern wegga,
Doch die Natur halt ewi dicht,
Alloane kann ma nix bezwecka,
Und mit de andern bist net gricht.
Da hat der Vater von meim Vatern
Alls Mögliche scho ausprobiert
Und net amal die schwarzen Blattern
An sich vertriebn und auskuriert.
Sei Medizin heb i no auf.
Warum? Zu was solls nützen?
Denn was ma erbt, des nimmst in Kauf,
Um irgendwas doch zu besitzen.
Da stehnga Safteln umanand,
Eitrickert, siehgst bloß no an Satz.
Oa Flaschl weit weg von der Hand
Steht allwei no am alten Platz.
Ob sich des Gift no hat derhalten?
Ma sollt so was net weiter erbn
Und nimmer warten auf de Falten –
Mit dir kunnt i ja früher sterbn.

Geh laß di oschaugn und betrachten,
Du kimmst mir grad als Lösung vür.
Wenn i dein Inhalt tat verfrachten
Eiwendi nei – und wenn i's gspür,
Dann is net lang. An kloan Moment –
Scho waar i weg, alls hinter mir.
Die Seel is drent, der Leib herent,
I schaugat endli hinter d' Tür,
De wo's vor uns net aufsperrn wolln.
A Feuerschiff tragt mi in d' Höh,
Und hör i aa an Donner rolln,
Hat doch die Seel ihr Renommee.
I liaßt mi nimmer runterholn.
Du Viechgeist, du, mi kriagst net dro,
Weil i mir selber helfa ko.

I reiß den Vorhang ausanander
Vom himmlischen Elysium,
Dann schau i s' o, de großen Mander,
Und schrei: Iatz werds ma endli z' dumm,
Des hoamli Rumregiern von obn
Wolln mir da drunt durchaus net lobn.
Der Mensch woaß gar net aus und ei,
Des kann doch nimmer richti sei.
Vorsehung spieln alloa is z'weng,
Im Weltall draußt, weit weg vom Schuß.
Gehts raus amal und laßts euch sehgn.
Und machts mit dene Zweifel Schluß.
Da macht a jeder Griwasgrawas
Auf seine Weis und halt an Schabes.
Sie opfern Viecher, brenna Kirzen,
Und geht a Lump in Beichtstuhl nei,
Von seine Sünden absolvierns'n,
Gebn eahm a Hosti und an Wei.
Sie kniageln hi und rutschen rum,
Vergrabn as Gsicht im hoaßen Sand.
Werd euch des Beten net bald z' dumm?
Wenns trotzdem raffa mitanand?
Teats mir amal die Zügel her,
Dann zoag i euch, wia guat ma lenkt:
Mit so a Allmacht is net schwer,
Wenn ma a weng vernünfti denkt.

Sehts net, wia alles unrecht geht?
Warum stellts neamad ab?
Habts denn koa Armaturenbrett,
Wenn's nimmer klappt,
Dann schalts doch ab!

Ihr müaßts euch halt modernisiern,
Mir bleibn ja aa net zruck,
Bloß könna mir uns net so rührn,
Drum nimm i iatz an Schluck.
I möcht amal in Himmel nei,
Damit i alls derkenn.

Des Flaschl Gift solls Mittel sei,
Mit dem i außi renn,
Raus aus dem müaden Boanaleib,
Der doch amal vor Wehdam stirbt;
Aa im Verkehr mi'n schönsten Weib
No zsammfallt und verdirbt.
Schauts, i habs selber in der Hand,
Ko weggeh, wann i mag;
Aufnimm i iatz den letzten Brand,
Und dann werds für mi Tag.
(Setzt die Phiole an den Mund, da ertönt Orgelklang und Glockenläuten)

ENGELSSTIMMEN Ihr Menschen hörts auf uns und wißt,
Erstanden ist der heilige Christ,
Alleluja!

FAUST Was is des für a hells Gesumm?
Was ziahgt mirs Flaschl weg vom Mund?
Die Glocken hör i umadum,
Ist des die Osterfeierstund?

ENGELSSTIMMEN Wer net mit Christus lebt und stirbt,
Steht niamals auf, weil er verdirbt.

FAUST An den hab i scho nimmer denkt,
Seit meiner ersten Kommunion.

CHOR DER WEIBER Für uns is er am Kreuz drobn ghängt,
Der allerhöchste Herrgottssohn,
Mir habn an gsalbt und habn an pflegt
Mit Tüacher und mit Binden,
So habn ma'n stad ins Grab neiglegt,
Iatz könn ma'n nimmer finden.

CHOR DER JÜNGLINGE Beigsetzt in seiner Gruft,
Is er am dritten Tag
Aus dera gstickten Luft
Auf mit an Donnerschlag

Ausbrocha und in d' Höh,
Daß glei die Wachsoldatn
San wegghupft als wia d' Flöh
Er selber leid koan Schadn
Und is in Himmel gfahrn,
Laßt uns armselig zruck,
Koa Schutz net in der Gfahr,
Wia ohne Hirsch die Stuck
Und wia a Woaselwar.

FAUST Warum zielt grad der Gsang auf mi?
Iatz grad wollt i davo – dahi.
Singts dort, wo woache Menschen san.
Mi interessiert koa Friedenstaubn.
Die Botschaft könnts woanders krahn,
Mir fehlt dazua der rechte Glaubn.
Sei schönste Basl waar a Wunder.
Was hilft mi denn der ganze Plunder?
I bin eahm umasunst nachgrennt,
Wia bin i kniagrutscht gottergebn,
Zum Ministriern und naus in Wald,
Koa Kind kunnts Herzerl höher hebn,
Damit's an Herrgott besser gfallt.

ENGELSSTIMMEN Ihr Menschen hört auf uns und wißt:
Erstanden is der heilige Christ.
Alleluja!

FAUST Ja, schö is no a kindlichs Gmüat,
Wenn ma no net viel woaß.
Wia hat mi selbn no alles grührt,
Und übern Buckel kalt und hoaß
Lauft's mir und druckt mi nieder.
Mei Gott, i woan ja wia-r-a Kind.
Die Erden hat mi wieder.

ENGELSSTIMMEN Aa du werst no erlöst,
Und wennst sein Tod verstehst,
Bleibt dir des Leben gwiß,
So wia's im Himmel is.

FAUST Bleibt dir des Leben gwiß? –
Wer woaß denn, wia's im Himmel is?
Laßts mi doch selber geh
und wieder aufersteh!

Der Spiellader

Braucht koana sagn: Mei, des is schad,
Daß sich der Faust scho umbracht hat.
Naa, die Tragödie geht scho weiter,
Iatz werd's sogar a bissel heiter.
Es kimmt a wen'g a Lebn auf d' Bühne,
Wenn's oane spieln ko; denn da bin i
Persönli gar net kompetent,
Fürn Anfang net und net fürs End.
Im Freien zoagt des nächste Bild,
Wias Lebn am Feiertag so is.
Wenns Wetter uns koan Possen spielt
Und halt schö aus, dann woaß i gwiß,
Daß euch des Ganze recht guat gfallt.
Na ja, dafür habts schließli zahlt.
I hoff, daß alle Rolln guat liegn,
Dann werd's scho was. Recht viel Vergnügn!

VORM STADTTOR
oder
WIA DER FAUST MIT SEIN FEDERSTABERL SPAZIERT

(Spaziergänger aller Art gehen hinein und heraus)

HANDWERKSBURSCHEN Wohi? Wo aus? Wo gehts da naus?

ANDERE Mir wolln zum Jagerhaus.

DIE ERSTEN Und mir, mir wolln zur Mühl.

EINER Da is mir d'Arbat z'viel.

ZWEITER Und dann is aa der Weg net schö.

EINER Wo willst denn nachher du higeh?

DRITTER *(lachend)* Vielleicht nach dobar dan?

ZWEITER Naa, zu de andern, daß eahna mehra san.

DRITTER Gehts doch mit uns auf Ettenhausen,
Dort über Schleching nei nach Kössen,
Da wo die Katzen so gern mausen.

VIERTER I waar für Marquartstoa und Unterwössen,
Da hätt ma nimmer gar so weit,
Und gibt recht gschickte Weiberleut.

DRITTER Juckt's di scho wieder unterm Fell?
Du bist a ganz a leichter Gsell.
I wüßt was anders für dei Gstell.
Steig nauf mit uns am Geigelstoa,
Da drobn vergeht des Jucka schnell.
(Alle ziehen lachend ab)

ERSTE DIENSTMAGD	Was tean ma denn herauß alloa? Vielleicht wart er dort hinterm Baum?
ZWEITE DIENSTMAGD	Auf mi wohl kaum. Weil er ja doch mit dir bloß geht, Und dei Glück interessiert mi net.
ERSTE DIENSTMAGD	A geh nur mit, des muaßt scho toa, Am End is er gar net alloa Und no der Kräuselkopf dabei.
ZWEITE DIENSTMAGD	Wennst moanst? Na ja, dann gehn ma glei.
ERSTER STUDENT	Pro Juppiter! Dort sieh die strammen beiden, Sie warten sicher aufs Begleiten. Bierbruder kimm! A rasser Tabak Und a rassigs Weib is eh unser Gschmack.
ERSTES BÜRGERMÄDCHEN	Da schau, wo die Bessern holn sich ihr Sach.
ZWEITES BÜRGERMÄDCHEN	Studiern und laufa de Dienstmadln nach.
BEIDE	Statt daß sie wähln nach Stand und Fach.
ZWEITER STUDENT	Lentement mon ami – ein ander Paar Scheint mir fast interessanter jetzt. Die eine, glaub ich, kenn ich gar. Das Bessere kommt meist zuletzt.
ERSTER STUDENT	Mais non – allons, damit mas net verliern. Die Aufgeputzten mag i net verführn, Da hat ma bloß Verdruß. A Magd, die handfest is und drall, Braucht net viel Schmus.

ZWEITER STUDENT Ganz mein Fall. Casus bonus! Causa bona!
Geh ma nach und fragn, wo's wohna.
(Beide eilen den Dienstmädchen nach)

ERSTER BÜRGER Mir gfallt er net, der neue Burgermoasta,
Was tuat er denn scho für die Stadt?
Zum Kreistag und zum Landtag roast er,
Obwohl er nix zum Reden hat.
Der möcht bloß präsentiern und prahln,
Und mir, mir müassen d' Spesen zahln.

BETTLER *(singt zur Drehorgel als Moritat)*
Feine Herrn und süaße Frauenzimmer,
Heut no schö, und morgn scho seids es nimmer.
Ja, i war aa amal des Königs Korporal.
Heut muaß i da als Krüppel steh
Und bitt recht schö.

ZWEITER BÜRGER Grad an de Feiertag
Wo alls sein Sonntagsfrieden mag,
Da hör i gern vom Kriag erzähln,
Wenns anderschtwo recht rumreveilln,
Sich gegenseitig zsammaschlagn.

ERSTER BÜRGER Solang's uns selbn net geht an Kragn.

ZWEITER BÜRGER Da hockst am Stammtisch, trinkst dei Bier
Und führst mit Kriag und bist dafür,
Daß richti scheppert, blitzt und kracht
Und koa Partei an Feigling macht.

ERSTER BÜRGER Nach meiner Stammtischstrategie
Waar ja der Feind ganz gwiß scho hi.
(Beide gehen ab)

BETTLER *(singt)*
Ja, wenn andere sich im Feld befehden,
Kann man daheim recht leicht von ihnen reden.
Wenns aber nüachtern san

Und selber Kriag führn tan,
Waar's mit der Strategie vorbei,
Au waih, au waih!

ALTE FRAU *(zu den Bürgermädchen)*
Heut habts euch wieder zsammagricht,
Ja mei, ja mei, ja mei!
Mit so am junga frischen Gsicht
Kanns aa net anders sei.
Tratzt euch die Hoffart wohl a weng,
Habn euch no koane Burschen gsehgn?

ERSTES BÜRGERMÄDCHEN
Agathe gehn ma, gib net o
Die Leut sagn, daß de hexen ko.
Mir hats in der Andreasnacht
An Hochzeiter aus am Mehlpapp gmacht.

ZWEITES BÜRGERMÄDCHEN
Von mir hats im Kaffeesatz glesen,
Der mei, der war a ganz verwegner
Und schnell als wia-r-a Mitrailleusen,
Zu Ostern soll i eahm begegna.

SOLDATEN *(singend)*
Wenn die Soldaten müssen Kriege führen,
Suchen sie die Mädchen erst in den Quartieren,
Ei warum, ei darum, ei warum, ei darum,
Ei bloß zwegns dem Tschingdarassa,
tschingdarassa bum.

Wenn wir die Heimat sollen beschirmen,
Wollen wir lieber die Mädchen bestürmen,
Ei warum...
Weil die Soldaten kämpfen.um ihr Leben,
Müssen sich Feind und Mädchen ergeben,
Ei warum...
(Soldaten ziehen ab, die Bürgermädchen folgen)

FAUST *(mit Feder!)* Schnee- und eisfrei is d' Natur,
'as Fruahjahr leint und scheint und grünt,

d' Sunn schleckt die letzte weiße Spur,
Damit as Wild sei Fuatter findt.
Der alte Winter ziahgt si z'ruck,
Z'höchst in die rauche Bergwelt nauf,
Der Lenz is jung und laßt net luck,
Da hört si bald der Griasgram auf.
Blüaht aa net alls im Fruahjahrrevier,
Siehgst fruahjahri aufputzte Menschen dafür.
Raus druckas vom Tor aus der Kloastadt in d' Au.
Was willst da scho macha, sie wolln halt as Gschau.
Und zoagn sich recht gern
Zur Auferstehung des Fleisches von unserm Herrn.
Sie lassen die Kammern und d' Wohnhäuser hint,
Weil jeder heraußen as Leben schöner findt,
Aa der, wo aus der finstern Kircha rauskimmt.
Zum Liacht, zu der Sunn druckt alls, was no schnauft,
Ob Viech oder Mensch, ob gsprengt oder tauft
Da schau nur, wias wandern, ruadern und singa,
Wias tanzen und juchzern und Trachtenhüat schwinga,
Wias paarweis obandeln und gsellig verkehrn,
Wias übermüati und gamsi scho wern.
Der Bursch, der halt Ausschau: Wo is denn die Mei?
Jetzt will er a Mensch, und a Mensch derf er sei.

FEDERL Wenn i halt mi'n Herrn Dokta derf spaziern,
Dann kann i 's meiste profitiern.
Da hab i erst an rechten Gwinn,
Weil i ergebn und dankbar bin,
Für alls, was schö is und erhabn.
I überhör des Schrein und Johln,
Wos' ihren Übermuat vergrabn,
Bei Euch kann i was Höhers holn.

BAUER Iatz laßts amal an Landler hörn,
Die junga Leut wolln drahn,
Wenn Burschen wia die Hirschen röhrn,
Denkts Weibsvolk scho ans Kindswasch-Nahn.

ERSTER BURSCH *(singt)*
Tanzen tua i fei mei Lebn sovui gern.
Und die Schönste muaß die Meinige werdn,
Daß sich' koana außer mir untersteht,
Und aa zu ihr geht.
I alloa, ganz alloa,
will iatz tanzen,
Geht mir koana her
Daß i mi-
Saxndie –
Bei der Wahl tua net schwer.

ZWEITER BURSCH *(nimmt ihm das Mädel ab, tanzt und singt)*
Umaduma reißen tua i di gern;
Wennst as aushaltst, kannst die Meinige werdn.
Woaßt, bei mir muaßt an Huiraß vertragn,
da brauchst scho an Magn.
Drah di um, umadum,
Wia a Radl, wia a Karasell,
Häng di ei –
Hals mi fei.
Zoag von unt her dei Gstell.

ERSTER BURSCH *(entreißt sie wieder und singt)*
Und wenn alle Burschen liabsnarrisch werdn
Und sie möchten di wia i so viel gern,
Nachher stell i mi vor di hüatert hi.
Iatz wißts, wer i bi!
Seids aa mehr, gehts nur her,
Wer will raffa?
Dem verschlag i 's Dach.
Für mein Schatz
Halt i Platz,
Wer mi umschmeißt, der hats.
(Verlassen raufend die Szene)

BAUER Herr Dokta, des is schö von Euch,
Daß zu uns außer findts.
No gestern warn ma bei a Leich
Und heut – wer lebt, der gwinnts.

FAUST Wenn's net an neua Toten gibt,
Weil jeder auf die gleiche tippt.

BAUER Des Raffats moana S', des vergeht,
Und Messastecha san ma net.
Da – derf i Euch zum Antrunk bitten
Vom schönsten Kruag, den mir Euch gfüllt.
Sie san der Mo in unserer Mitten
Mi'n allerhöchsten Namensschild.
De Tropfen, wo da drinna san,
Solln Euerm Lebn no zuagebn sei
Mit gleich viel Tag und Gockelkrahn,
Drum laßts am besten alles nei.

FAUST Der Inhalt is net weni, aber no,
I will für mi und euch des Beste to.
(Trinkt aus, alles klatscht Beifall)

BAUER Ja Himmiseiten, Kruzinesen,
So trinkfest is no koana gwesen.
Respekt vorm Dampfschiff, weils so raucht,
Ihr habts ja ganz schö owitaucht.
Ihr habts uns aa die bösen Tag
Mit Wehdam, Streit und Viecherplag
Verscheucht. War mancher recht schlecht dro,
Wenn ihn net Euer Vater scho
Behandelt hätt mit Kräuter.
Ihr machts es richti weiter.

FAUST In dem Fall bin i net zum lobn,
Die Hilf, de braucht ma aa von obn.
Iatz laßts uns wieder a weng alloa,
Im Stall habts gwiß no was zum toa.

BAUER Mir san scho am Hoamweg, Herr Dokta, pfüagott,
Hochteuer solln S' lebn, umsunst is der Tod.
(Die Leute ziehen lachend ab)

FEDERL Wenn oam die Leut so estimiern.
Des Gfühl möcht i iatz in mir gspürn,
Den Kindern zoagn die Eltern scho
An Faust: Da schaugts, des is der Mo,
Der so viel woaß und so viel gscheit
Antworten austeiln ko
Und jede Krankheit ausheiln ko.

FAUST Ah geh, i hab scho Trankeln braut,
Da hat's gar manchen owighaut,
Denn gegern Tod, da is koans gwachsen.
Ja, brochene Arm, luxierte Haxen,
De hab i alle repariert,
Am brochern Gnack is jeds krepiert.
Aa wenn as Herz bricht, dann is aus,
Und d' Seel fliagt wia a Federl naus. –
Iatz rast ma a weng, mir Zwoa, am Roa.

FEDERL Mi'n woachen Hintern auf dem harten Stoa?
Solln mir net weitergeh? – Vom Lärm hab i so gnua.
Habn d' Menschen so viel Grund dazua,
Weils gar so aufgramt lusti san?
Waar gscheiter wohl, wenns beten tan.

FAUST Hab mi oft hergsetzt da zum Rasten
Und Zeit verto mit Betn und Fasten,
Voll Hoffnung und im Glauben so fest,
Wia seinerzeit no war die Pest.
Mit Woana und mit Händ naufringa
Wollt i vom Himmel 's End herzwinga.
Amal hats ja a End habn müassen.
Und wenn mi d' Leut dafür heut grüaßen,
Dann schaam i mi, i sag dir's ehrli.
Mei Vater net und net sei Bua
Habn net die Pestilenz, de gfährli,
Vertriebn – ja, gstorbn san gnua,
De er vielleicht hätt retten könna.
Er war a hintergründiger Mo
Wenn aa net grad der Allerschöna,
Viel besser is aa net der Soh.

FEDERL So gring und hart und so bescheiden
Sollts aa net redn vom alten Herrn,
Und von Euch selbn möchts i net leiden,
Wenn oana gar wollt aufbegehrn.
Ihr habts des Beste mitkriagt, derf ma sagn,
A Bua nach Euch kunnt aa net klagn,
Und i vertretert gern sein Posten,
A echter tat Euch mehrer kosten.

FAUST A echter war aa nach meim Sinn
Und hätt von mir des meiste mit.
Die Hoffnung aber is dahin
Mit der Familie no zu dritt.
Als Junger hab i's wohl versaamt
Vor lauter wissensdurschti sei.
Heut is so weit, daß ma bloß tramt,
De Dummheit fallt mir nimmer ei.

FEDERL I hab ja aa oft grillige Stunden,
Doch so was hab i nia empfunden.

FAUST Woaßt aber scho, vo was du redst?

FEDERL Ja freili, von dem Trieb natürli.

FAUST Tuast aber grad, als wennst koan hättst,
Drum findst as gar so ungebührli.

FEDERL I bin ja doch koa kloaner Bua.
San mir net Kinder der Natur?

FAUST Ja, schö is d' Natur, und so weni gebn acht,
Wia draußen im Wald alles Hochzeit grad macht.
Die Kiefern, die Birken, die Haselnußstaudn,
Die Lärchen, die Buachen, schier alls laßt sich traun,
Doch hoamli gehts zua, behutsam und stad,
Koa Tanzmusi spielt und koa Walzer werd draht,
Koa' Red werd gschwunga, koa Böllerschuß kracht,
Net vierspanni gfahrn und nix Auffälligs gmacht,

Die Vogerln, de zwitschern, und singa akrat,
Wenn hoch in die Wipfel der Brautzug durchwaht.
Im Frühlingsluftwagn nehma d' Staubmandeln Platz
Und fliagn zu der Blüte, zur Liebe, zum Schatz.
Sie lassen sich nieder, und d' Hochzat is rum,
Und prachtvoll werd alles und fruchtbar ringsum.
Wia schö und harmonisch lebn unsere Baam.
O mei, liaba Mitmensch, woaßt, wia-r-i mi schaam?

FEDERL Als Mitmensch habts mi tituliert?
I steh doch ganz tiaf unter Euch.
Obwohl i aa scho viel studiert,
Stell i mi doch net gleich auf gleich,
Für mehr als wia-r-aan Baam halt i mi scho –
Soweit i des beurteiln ko.

FAUST A Baam is aa net mehr als mir,
Wenn er aa net sein Platz verlaßt.
Doch unterirdisch – frag net wia –
Der oa den andern unterfaßt,
Und jeder seine Wurzeln treibt,
Daß dem nebno koa Saft mehr bleibt.
Der Nachbar ko seintwegn verkümmern,
Und grad die Junga san die schlimmern,
De wo so halbstark aufbegehrn –
Mir könna bloß ihr Gschroa net hörn.
Die Untergrundbewegung, san ma ehrli,
Is bei der Pflanzenwelt genauso gfährli.
Ganz abgsehgn von de Viecher, de drunt nagn,
Und von de Käfer, de net fragn.
Der Kampf is überall der gleich
Es wurlt und brodelt, frißt und kocht
Jeds zupfte Bleamel is a Leich
Und hat koa Rückgrat mehr im Docht.
All's stirbt dahi, verwelkt, krepiert
Und werd lebendi und floriert.
Und wer bringts zwegn? Instinkt und Geist,
Wo oana bös den andern beißt.
Was lebt, des hat a geils Organ,

Solang, bis beianander san.
I find's abscheuli bei de Viecher,
Der Mensch werd aa damit verglicha,
Mir solln sogar no minder sei
Ja, sowas speibt der Geist oam ei.

FEDERL Was für a Geist, Sylvester Faust?
Habts Ihr oan gsehgn, gar mit eahm gredt?
Is der, der in uns selber haust?
Gel naa, der unser is des net?

FAUST An Zaubermantel müaßt ma habn,
Der wo oan wia ma denkt so schnell
in andere Länder wundersam
Versetzt glei auf der Stell.
Es gibt wohl Geister in der Luft,
De zwischen Himmel und Erden schwebn.
Mit dene möcht i zamma lebn.
Wia überwindt ma denn die Kluft?

FEDERL I glaub, ma sollts gar net zitiern,
De sich im Dunstkreis so verbreiten
Und haufatweis glei umma schwirrn.
I liaßt mi nia davo verleiten.
Denn koana hat was Guats im Sinn
Und folgt oam bloß mit Hinterlist,
Als waar sei Sitz im Himmel drin.
So tuat er – naa, da bin i grüst.

FAUST Des ko scho sei, ma siehcht dir's o.
Ja, wer sich dumm stellt, is am besten dro.

FEDERL Iatz moan i, gehn ma, weil's scho dämmert,
Die Luft werd kühl, der Nebel fallt.
Kunnt sei, daß sunst a Geist no kemmert
Und lauert scho im Hinterhalt.
Was is mit Euch? Habts Ihr vielleicht oan gsehgn?

FAUST Grad is a schwarzer Hund dort glegn,
Iatz steht er auf und lauft feldei.

FEDERL Des werd der Hund vom Gschwandtner sei,
Der hat an Pudel, wia-r-i woaß,
Und is fast allwei auf der Roas.

FAUST Mir kimmt der Pudel gspaßi vor,
Siehgst net, wia er uns zwoa umkreist
Und wia's aus seine schwarzen Hoor
Gluatrote Funken außer reißt?
Sei Schwoaf leucht wia-r-a Funkenschwanz
Und himmellang wia beim Komet.

FEDERL I siehch koan Schei und siehch koan Glanz,
Den Pudel siehch i, mehrer net.
Vielleicht fehlt mir der sechste Sinn.

FAUST Dir fehlt scho no was. Schaug doch hin:
Iatz ziahgt er Schlingen um uns her,
Als möcht er uns mi'n Lasso fanga.

FEDERL I merk fei nix – entschuldigts Herr.

FAUST Des kann ma kaum von dir verlanga.
Scho lauft er enger seine Runden,
Der Kreis werd kleana – hockt scho do.

FEDERL I hab nix bsonders an eahm gfunden,
A jeder Hund macht des a so.
Doch wia-r-er so vor uns da steht,
Dem Gschwandtner, glaub i, ghört er net.

FAUST Da komm schön her!

FEDERL Iatz wart er auf
Und will sogar an Eahna nauf.
Werfts eahm an Stoa, er holtn zruck
Und macht Apportl, 's is koa Spuk.

FAUST Ja ausnahmsweis hast richti tippt,
A Pudel is, wia's mehrer gibt.
Da such's und spring a weng voraus
Vielleicht derschnupperst gar mei Haus.

FEDERL Scheint ganz guat zogn und findt scho d' Richtung.

FAUST Im Gegenteil ganz schlecht dressiert,
Er hat für mi doch koa Verpflichtung.
Wenn der seim Herrle untreu wird,
Is er für mi a falscher Hund.

FEDERL Vielleicht hat's no an andern Grund?

FAUST Vielleicht! – A so a Hund!
(Beide gehen ab)

Der Spiellader

Im nächsten Bild werd's langsam wild,
Wer woaß, auf was des Ganze zielt?
Der schwarze Hund is zum verdaun,
Der Faust will eahm scho gar net traun
Und springt damit so achtlos um
Wia mit am Lehrbuabn; so saudumm
Behandelt er den Luzifer,
Als ghörat er da gar net her.
Wer von de zwoa hat wem beim Kragn?
Tat liaba glei sein Dienst aufsagn,
Als wia mi'n Faust sich umafrettn,
Ma derf halt net mi'n Herrgott wettn.
Ihr hörts ja bald den Dialog,
Den i no net bekannt gebn mog,
Weil sunst die Überraschung fehlt.
De kimmt scho, wenn der Pudel bellt.

In der Sinnierstubn

oder

Wia sich der Luze als Hund eineschleicht

FAUST *(tritt ein)*
Spazierngeh drauß so kreuz und quer,
Paßt mir scho gar net auf die Dauer,
Drum fallt as Hoamgeh net so schwer,
Der Ausflug macht koa bissel schlauer,
Und bei der Nacht is aa net schö.
Da merkt man scho: Aa die Natur
Is müad und möcht amal ihr Ruah,
Mag aa net allwei vorwärts geh.
Wenn's finster is und brennt koa Liacht
Unds ganze Viechzeug sich verkriacht,
Mag d' Nachteuln no a Ausnahm sei,
De schlaft mit offene Glotzaugn ei.

Dagegn der Mensch werd richti wach,
Da taut er auf und suacht sei Sach,
Am liabern hoamli ganz verstohln,
Weils allwei wieder und wieder wolln.
Sie kriagn's net satt, die junga Paarln,
Die Burschen weniger no als d' Madeln.
(Geräusch an der Tür)
Wer kratzt denn an der Tür a so?
(Hundegebell)
Ja, is des Hundsviech aa no do?
Wennst mir scho Gsellschaft leisten willst,
Damitst di draußen net verkühlst,
Du schwarzer Russel, geh halt rei –
Werst wohl a weni hungri sei?

Ja, lauf nur rum und fang die Ratzen,
De wo mi bei der Arbat tratzen.
Wart nur a Weil, i will mei Zelln
Für uns zwoa glei a weng erhelln,

Dann werds a bissel freundlicher.
Da hintern Ofen legst di her,
Da kannst, wennst magst, no zum Vergnügn
Schö warm auf meiner Kotzen liegn,
Weilst gar so lustig gsprunga bist –
Wennst nur nix zreißt und mi net frißt.
(Der Hund knurrt)
Zu meiner Stimmung sollst net knurrn,
I muaß a bissel seelisch spurn,
Da paßt dei Viecherstimm net recht.
Wahrscheinlich woaßt net, was i möcht.
Der Geist moant zwar, dei Horizont
Glangt eher no bis hintern Mond,
Drum bellstn so gern o von unt.
Na ja, des tuat so mancher Hund!
Vielleicht woaßt drüber mehr als i.
Hast wohl fürn Mond koa Sympathie?
I magn aa net, den Trabanten,
Scho weil er nia sein Hintern weist
Und zua- und abnimmt, wenn er kreist.
Mögst du amal auf eahm drobn landen?

Wenn net des Überirdische war,
War aa mei Hirn net gar so laar.
Ma moanat, in zwoatausad Jahrn,
Da müaßt sich doch was offenbarn,
Wia's drinna steht und jeder kennt
Als sogenanntes Testament.

I muaß doch wieder amal
Des allerheiligste Original
Auf unser Redweis übertragn.
(Schlägt die Bibel auf)
Gschriebn steht – i kann's net anders sagn:
Im Anfang war as Wort – die Red!
Da stutz i scho, schreib liaba hin
Im Anfang war ehvor der Sinn. –
Der Sinn? – Von wem aus geht der Sinn?
Was is, was den bewirkt und schafft?

I moan, i schreib: *Im Anfang war die Kraft.*
Was macht die Kraft, so daß mas siehcht?
Wo Kraft is, merkt ma, daß was gschiecht.
Da glaub i, kimm i iatz auf d' Naht,
I schreib: *Im Anfang war die Tat!*
Und vor der Tat, da war wohl nix?
Und über a Weil war wieder nix,
Und erst a paar Tag später dann,
Da war erst recht nix… *(Pudel bellt)*
Du, gel, wennst bleibn willst da herin,
Fangst net zum heuln o, denn i bin
Ja net dei Wärter, der di pflegt.
Wer mi aus de Gedanken schreckt,
Der muaß verschwinden. Nur net pfaucha!
An Störnfried kann i da net braucha.
Dort hat der Zimmermann aa für d' Nacht,
Wennst auße willst, a Loch neigmacht.
Die Tür is auf – hast freien Lauf!
Geh weiter, druck di und verduft!
Machst sowieso koa guate Luft.
Du, bell mi net so grimmi o!
Und wachs net gar so – no, no, no!
Hörst auf! Was is denn mit dir los?
Hab i a Gspenst mitbracht ins Haus?
Des schaugt ja wia-r-a Walroß aus
Mit Feueraugn. Ja du werst sauber,
Da brauch i schnell an Gegenzauber!
(Sucht in seinem Zauberbuch)

FAUST Fixstern, Luna, Mond und Sichel
Struppi Ruppi Halifax
Zimpl Zampl packs beim Hax.
Alle grantigen Elementer
Machts eahm Füaß, dem Hund, na rennt er.

GEISTERCHOR *(von draußen)*
Da is oana drinna,
Der bleibt und geht nimmer,
Wia-r-a Fuchs im Fangeisen,

Und des werd er reißen.
Mir fliagn ma net eine.
A Hund ohne Leine
War der scho allweil,
Er bringt dir koa Heil.
Salamander Salomo'
Wischiwaschi hastn scho?
Schau di um und mach di krumm.
Ex oculis periculum!

Nix hat's gholfa – Saxenhausen!
Fürchst di du vielleicht vor draußen?
I mi gar net, daß da's woaßt,
Mir is wurscht, wia du dich hoaßt.
Bin heut nacht aam Geist begegnt,
Der hat mi fei aa net gsprengt.

Du grins mi net so höllisch o,
Bis jetzt hab i dir no nix to.
Vielleicht kann i di doch beschwörn,
Wart, dir vergeht no Sehgn und Hörn.
(Hält dem großen Schattengeist die Bibel entgegen)
Bist du a Gsell,
Direkt aus der Höll,
Na schaug dir des o
Und renn net davo!
Du höllisches Wesen,
Sag, kannst du des lesen.
Vom grausam Durchstochenen
Und Unausgesprochenen,
Sag, bist du was Gscheits?
Iatz mach i a Kreiz!

Werst sehgn, du platzt, du gehst no drauf.
Iatz treibts di bis auf d' Weißdeck nauf
(Donner und Krach)
Hab i's net gsagt, scho is passiert,
Was is iatz aus dem Viech krepiert?

LUZE Dei Knecht – i suach mein Herrn!

FAUST Du bist der schwarze Pudelkern?
A rumvagierender Scholast?
Wia waar's, wennst di glei vorstelln taast?

LUZE I bin – i hoaß iatz Mephistopheles.

FAUST Wia kimmt a Griech aus so am Viech?
So recht begriffa hob i des
Fürs erstemal no net so ganz.

LUZE Na, mach ma net lang Firlefanz,
I sag dir's glei, dann gibts koan Zweifel,
I bin der sogenannte Deifel!

FAUST So so? Der Teufel? Der Chef vom Sparifankl?
Nimm Platz und hock di her aufs Bankl.

LUZE Wennst di net fürchst vor mir, i tua's,
Mei Ausweis is der linke Fuaß.

FAUST Is mir scho aufgfalln, hab's scho gneist.
Daß d' koan Empfehlungsbriaf vorweist,
Kann i mir denka. Aber wia
Kimmst zerscht als schwarzer Hund zu mir,
Als waar der Geist verwandt zu dir?
Hat er di zu mir hera gschickt?

LUZE So halb und halb, obwohl er mir net liegt.
I hab dei Red scho ghört mit eahm
Sei froh! Der laßt di nimmer sterbn.

FAUST Es werd eahm aber aa net passen,
Wenn i mi taat mit dir eilassen.

LUZE Du hast di net vor eahm verbeugt,
Er hat di aa net überzeugt.
Was hat er dir vom ewigen Lebn
Denn scho erzählt und z'wissen gebn?

FAUST Na ja, i hab halt iatz des Gfühl,
Vom Menschen halt der gar net viel.
Auf alle Fäll bin i net gscheiter,
Bloß kimm i mit dir aa net weiter.

LUZE Des kannst doch net im voraus sagn,
Du brauchst di bloß mit mir vertragn.
Dann lernst die Schlich, die ganzen, kenna,
I kann dirs scho der Reih nach nenna.

FAUST Dann red. Des taat mi interessiern,
Wia war i denn beim Herzitiern?

LUZE Die Zaubersprücheln hätt's net braucht,
I waar bei dir aa so auftaucht.
Woher hast du des außer tippt,
Daß überhaupt aan Teufel gibt?

FAUST Woher? Weil's bei mir geistert hat,
Da hab i denkt: Probierst as grad.
Als Pudel hast ja spioniert –
Wia aber so was aus dir wird?

LUZE I hab mi materialisiert,
Als Hund war des net gar so schwer,
Urstoff is ja genügend da.

FAUST Nimmst du vielleicht d' Atomkraft her
Als Zruckentwicklung?

LUZE Aber ja!
I kann doch jede Gstalt o'nehma.

FAUST Und des hast du alloa im Kreiz?

LUZE Du sollst net auf des Zeichen kemma,
I bitt di, sei so guat und meids.

FAUST Aha? Mit dem, was von der Kircha gweicht,
Warst standepede glei verscheucht?

LUZE Mi schrecka gweichte Sachan net,
Koa Heiligenbildl und koa Kreiz,
Und wenn i di am Bandl hätt,
Hätt's aa für di koan bsondern Reiz.

FAUST Des kimmt drauf o. Erzähl amal,
Auf welche Art hast di verwandelt.
Begreif i des, um was si's handelt?

LUZE Vielleicht, ko sei, denn schlechterletzt
Was d' sieghst, is ja alls zsammagsetzt,
Alls ko sich teiln und wieder werdn,
Verringern oder aa vermehrn.
Es muaß net allwei 's gleiche sei.

FAUST Und wem fallt denn des alles ei?

LUZE Eifalln kann alls.

FAUST Du magst mi net versteh.
Der Mensch von heut haut alls in Trümmer
Und laßt's scho in Atom aufgeh.

LUZE Bloß zsammabringa tuat er's nimmer.

FAUST Kannst du was zruckentwickeln lassen?

LUZE Ja, wenn i net an Auftrag hätt.
I muaß mi doch mit dir befassen.

FAUST Wer is, der über deiner steht?

LUZE Des sag i und verrat i net.

FAUST I kann mir's denka. Na, wennst willst,
Dann unterhalt ma uns no drüber,

Und wennst mir meine Wünsch erfüllst,
Dann hupf i über alles nüber.
Aa übers Gwissen, wenn's mi beißt,
I kehr halt um, bevor's mi schmeißt.
Denn du mit deiner Teufelskunst
Bist koana, der was tuat umsunst,
Werst mir wahrscheinli aa nix schenka.

LUZE An so was brauchst heut no net denka,
I gib dir ja a lange Frist.

FAUST Hör auf, is scho der Mensch a Egoist –
Und dann erst du. In Teufels Namen
Sagst gwiß net allwei Ja und Amen.

LUZE So is, i bin dem Guatn feind
Als Geist, der schließli alls verneint.
Mi reizt der Widerstand, die Hetz
Auf euere Ordnung, gegas Gsetz.
Waarst du net gern in allem frei?
Brauchst bloß was sagn, i steh dir bei
Und mach dein Deanstbotn, wennst as willst.

FAUST I spann scho lang, auf was du zielst,
Und in der Ewigkeit drübn nachha
Soll i dir dein Bolanti macha.

LUZE Ganz wia-r-i dir – so du bei mir.
Aushandeln könn ma des beim Bier,
Da wiederholst mir dann beim Prost,
Daß d' mit mir a Verhältnis host.

FAUST Des werd a so a mistigs sei!
Na, mir is wurscht, i laß mi ei.

LUZE Werd dir nix anders übrigbleibn,
Du muaßt mir ja dei Seel verschreibn.

FAUST Des kimmt drauf o, ob net der Geist
Sich stärker no als du erweist.
Du hast an Adam scho verführt,
Und d' Eva hat sich gar net ziert.
Trotz alledem hats d' Höll net kriagt.
Bei mir werst sagn: Hat aa net gwirkt.

LUZE Na, wolln ma sehgn. Mach an Vertrag.

FAUST Des is, was i bei dir net mag.
Was Schriftlichs kriagst du net in d' Händ,
Und wenn der ganze Schnee verbrennt.
Und dann schwör i dir aa koan Eid
Auf dei verdammte Ewigkeit.
Obwohl mi neamd ins Zuchthaus sperrat,
Wenn i bei dir meineidi werad.
Ja, umgkehrt mach i so an Pakt:
Da aber bist bloß du drin gfragt,
Daß du dein Dienst net aufgebn derfst,
Solang i will, daß d' zu mir ghörst
Und da bist, wenn i dir bloß pfeif.

LUZE So gwürfelt, durchgwichst und so reif
Is bloß a Advokatenseel.
Drum san die meisten in der Höll.
Na, i schlag ei, 's is halb so wild,
Weil doch koa Pakt auf ewig gilt.
Auf dera Welt is koam zum traun,
Net wert, daß mir dei Bluat versaun.

FAUST I gabs zum Unterschreibn net her,
Aa net mei Hand, i hab mei Wehr.

LUZE Kimm mit in d' Stadt, laß uns oan hebn,
Dann zoag i dir des Luadalebn.

FAUST Des mach i mit, in Saus und Braus,
Und schließli lach i di bloß aus.
Mei eckate Seel bringst du net raus,

Denn i verkehr mit dir so gschert,
Daß dir als Teufel zwider werd.

LUZE Hör auf, wia redst denn du mit mir?
A so, als hättst scho drei Maß Bier.

FAUST Dei Mäu halt iatz, du windigs Häufel,
Für mi bist du a blöder Teufel.

LUZE Der Auftritt is mir aber neu.

FAUST Von heut ab bist du mei Lakai.
Putz mir die Schuah ab, aber glei!
Weil i di sunst vor d' Hütten wirf.
Grins mi net o von unt so schiaf,
Sunst fangst von mir a so a Watschen,
Daß d' vierzehn Tag kannst nimmer hatschen.

LUZE Ja ja, i tua ja scho dein Willn,
Herr Faust, Ihr sollts net gar so schrein.

FAUST Der Knecht muaß folgn, der Herr ko brülln.

LUZE Und des soll i geduldig leidn?
Gern tua i alls, nur ja net schlagn,
Sunst müaßt i glei mein Dienst aufsagn.

FAUST A höllisch Lebn bist du doch gwohnt,
In deim Bereich werd aa neamd gschont.
Iatz weiter, spann an Sturmwind ei,
's ko meintwegn aa dei Höllnhund sei.
I dirigier di scho in d' Liachtn,
Ma braucht an Teufel bloß net fürchten!
Und muaß, bevor ma kimmt zum Raufa,
Eahm glei am Anfang d'Schneid abkaufa.

Der Spiellader

Iatz kimm i wieder. An schöna Gruaß,
Weil i des Nächste osagn muaß.
Iatz sans ja scho beinand de zwoa.
Was sagts denn zu dem saubern Poar?
Der Luze gar mit seine Tricks,
Er hat was drauf, da feit si nix.
Der Umgang is – i sag's ganz ehrli –
Fürn Faust no mehra als wia gfährli.
Behaupten werd er sich net leicht,
Grad wenn der Unterwürfige schleicht,
Dann wart er bloß auf den Moment,
Bis sich der Herr amal verrennt.
Z'erscht werd ern wohl ins Wirtshaus locka,
Wo Viere beianander hocka.
Am Auermühlbach zur Oaaugatn Gams,
Da schaugn ma zua bei eahnare Pflanz.

Im Bierkeller am Auermühlbach

oder

Wia der Luze mit'n Faust dem Stammtisch ausweicht

FROSCHHAMMER Was is mit euch?
Warum seids ihr auf oamal stad?
Rührn muaß si was, seids ja net fad.

BRANDL Des liegt an dir, die Witz san nimmer neu.
Bring halt an frischen.

FROSCHHAMMER Bin scho dabei. – Da!
(Gießt Brandl sein Bier über den Kopf)
Kannstn weggawischen?

BRANDL Du bist a so a Aff, a blöder.
Wennst sonst nix woaßt, dees kann a jeder.

FROSCHHAMMER Wolltst net a kloane Sauerei?
Schütt zruck, wennst magst – i woach di ei.

SIEBER Gel gstrin werd net, des sag i glei,
Sunst halt die Gsellschaft nimmer zamm.
Gehts weiter, sing ma a Quartett.

FROSCHHAMMER Weil mir so schöne Stimmen habn.

SIEBER No ja, dann sing ma im Terzett.

ALTMEIER Geh zua, des Plärrn mag koana hörn,
Teats Karten raus, der Alte gibt.

SIEBER *(singt)* Der Xide möcht a Reiter wern,
Sei Stuatn hatn kippt.
Er hockt si auf an andern Gaul...

ALTMEIER Heb ab und halt dei Maul.

SIEBER Herzober – wer ziahgt höher?

FROSCHHAMMER I kimm mi'n Grasenbauern näher.

BRANDL Du hast ma's vorhin gebn – iatz gibst für alle.

ALTMEIER Wia tean ma? – Zwoa, vier, sechs und jeder
Bua a Mark?

SIEBER Gib Karten aus – a weni dalli.

BRANDL I bin im Beutel net so stark.

FROSCHHAMMER Drum geht dei Alte scho auf d' Stör.
(Alle lachen)

BRANDL Der gleiche Saubär wia bisher.
Auf zehn, zwanzg, dreißg laß i mi ei,
in Silber hab i net so viel.

ALTMEIER Mir macha doch koa Pfenningspiel.

FROSCHHAMMER *(Gibt die Karten aus. Zu Brandl)*
Du werst a so a Schafkopf sei.

ALTMEIER Was hört ma denn, wer is der erst?

SIEBER Ja allwei, der dumm fragt.

ALTMEIER D' Schellnsau tuat mit – Wennst zu mir ghörst.

BRANDL Guat, hab i gsagt.

SIEBER Ja, wenn der Xide net a Solo hätt.

FROSCHHAMMER I paß als letzter – wia soll's hoaßen?

SIEBER Vom Alten d' Farb, die Oachel steht.

ALTMEIER Iatz nehmts euch zamm, dann muaß er roasen.
A jeder Mensch hat no a Herz.

SIEBER Bloß i hab koans, da bin i frei.
Und jetzat kimmt der zwoate Scherz,
A kloana Trumpf, der holt euch drei.

ALTMEIER Teats nur was nei, den nimm euch i.

FROSCHHAMMER I hab koa Schmier.

BRANDL Da halt i hi.

FROSCHHAMMER Ja, er hat aa was hint, da schau.

BRANDL Altmeier, Farb! I hab dei Sau.

SIEBER Vorgsagt werd nix, da habts mei Schelln.
Der Ober sticht – iatz müaßts euch stelln,
Der Alte fangt mi'n Wirbel o.

FROSCHHAMMER Des wiß ma, daß den koana ko.

SIEBER Grünober raus – wer hatn denn?

ALTMEIER Gel, iatz zoag i dir meine Zähn.

BRANDL I kann dazua aan Zehner gebn.

ALTMEIER Zwoa Stich hast jetzt, und zwoa habn mir.

FROSCHHAMMER Geh Rosl, bring mir no a Bier.

SIEBER Mir aa oans, Scheißerl – geh, tua weiter.

FROSCHHAMMER Werd scho nervös – hö iatz werds heiter.

ALTMEIER Iatz rupf ma di amal mit Grasen.

FROSCHHAMMER Da hab i no zwoa.

SIEBER Fressen d' Hasen...
Eichel sticht – Herzober – des is iatz mei Herz.

ALTMEIER Du Druckerlader.

FROSCHHAMMER Kann ich nicht.

BRANDL Auweh, mei Sterz – ja, i verzicht.

SIEBER Sagts, habts no oan? Na gehn ma hoam!

ALTMEIER Oan hab i uns no reserviert,
Die Oachelaß, und de kassiert.

SIEBER Hast du amal koan Trumpf zuagebn?

FROSCHHAMMER Gib eahm koa Antwort, mir habn gwunna.

BRANDL Geh, tean ma wieder a neus abhebn.

SIEBER Ihr habts doch gschwindelt – Himmeldunner
Teifel nei!

LUZE *(tritt mit Faust ein)*
Des werd die richtige Gsellschaft sei.

FAUST Für de erlaub i dir as Wort,
I halt mi mehr im Hintergrund,
Denns Kartenspieln is net mei Sport.

ROSL *(Bringt Bier für Froschhammer und Sieber)*
Zum Wohl! Was mögn die Herrn?

LUZE A weni spater, dralle Magd.
Vielleicht gibt dir mei Herr was kund.
I hockat mi zu euch recht gern.

ALTMEIER Wenn Eahna unser Kreis behagt,
Is recht, bloß Kiebitz mögn ma koan.

LUZE Kann i amal de Karten sehgn?
Von Trümpf siech i da drin net oan,
Mit dera teats euch aber schwer,
Ihr müaßts die Karten besser pflegn.

BRANDL Die Bildln san ja alle leer!

SIEBER Da is ja jede ohne Bild!

ALTMEIER Mir habn mit richtige Karten gspielt.

FROSCHHAMMER Da is ja jede ohne Bild.

LUZE Ja mei, ma bild sich oft was ei.

SIEBER Mir habn ja doch no Augn im Kopf.

LUZE I tausch euch aus, hebts ab!

FROSCHHAMMER Da is der Maxe! So a Tropf.

ALTMEIER Und da der Belli, iatz schnapp Luft,
Du, da werst schwach, des is ja duft!

BRANDL Ja, so is recht, daß i net lach,
A so an Zauber gibts doch nia.

LUZE Probiern man aus mit Siebzehn und Vier?
Für jeden oane – habs net gsehgn.
Zehn Mark is Bank – was setzt der erst?

ALTMEIER An Fünfer!

SIEBER Hö, daß du glei so schneidi werst?

LUZE *(Gibt Altmeier noch eine Karte)*
Und wiaviel jetzt – magst nomal oane?

ALTMEIER Na na, i glang – zwanzg kriagst du koane.

LUZE Wer sagt dir des? – Da: Aß und Zehner!
Fuchzehn stehna!

SIEBER A Karten her, i setz, was steht.

LUZE Die zwoate glangt no net – du brauchst a dritte.

BRANDL Nimm koane mehr, sunst stirbst.

SIEBER Halt du dein Rüassel, sag i – bitte!

BRANDL Was hab i gsagt? – Iatz muaß er zahln.

LUZE Des Gspiel laß i mir gfalln,
Dreißig Silberling san in der Bank.

FROSCHHAMMER De pack jetzt i – a zwoate Karten!

ALTMEIER Froschhammer halt, du bist ja krank!

FROSCHHAMMER Naa, Oanazwanzg! Juhee!

LUZE Und i habs aa – de gelten mehr.
Die Bank ziahgt her. Sechzg stehnga iatzat. –
Niemand mehr?

BRANDL A fünfe setz i dir dagegn.
'leicht hab i Glück, mir werdn's ja sehgn.
A zwoate – zehn will i iatz – a dritte – i hab gnua.

LUZE A Neuner, Sechser, Unter? – Achter!

BRANDL *(jubelt)*
Verkauft – mir ghört die ganze Fuhr.

ALTMEIER Wiaso? Hast ja bloß zehne gsetzt.

SIEBER Zehn Markl is ja aa a Geld. Iatz lacht er!

FROSCHHAMMER Na tua i nomal – iatz verkracht er.
Wenn net der Teufel selber hetzt,
Na ghört der halbe Hunderter mir.

ALTMEIER Bist narrisch wordn – des mei is aa dabei.

SIEBER Und fuchzehn san von mir!

FROSCHHAMMER Schnell, Rosl, no a Bier!

LUZE Herr Nachbar, san Sie schuldenfrei?

FROSCHHAMMER Des sell geht Eahna gar nix o.
Vierzehn – oane kriag i no!
Bluatsau – der Oachelsiebna,
Höher Peter gehts wohl nimmer?

LUZE Jawohl geht's höher: Mit zwoa Assen,
Da hockt a jeder in der Gassen.

FROSCHHAMMER Zefix, iatz muaß i aufschreibn lassen!

LUZE Naa, was ma setzt, des muaß ma hobn.
Hast ja am Huat an Gamsbart drobn.
Den nimm i o.

FROSCHHAMMER Spinnst du?
Der is alloa zwoahundert wert.

LUZE Dann setz i no an Rest dagegn.

FROSCHHAMMER Na wenn's scho sei muaß – meinetwegn.

ALTMEIER Du, auf dem Gspiel, da is koa Segn.
I leih dir halt den Fuchzger no.

LUZE Ko jeder no was eine to!

SIEBER Mir setzen alle gega di.
Mei letzter Zwanzger – hab net mehr.
Du, Brandl, gib dein Zehner her.
Zu dritter kriagn ma des scho hi.

LUZE Da habts de Briaf – du brauchst no zwoa.
Und iatz kimm i – i bin der Moa.
Im Spiel warn no zwoa Trumpfsau drin,
Des war amal a lustiger Gwinn.

ALTMEIER Des Ganze furt?

FROSCHHAMMER Mitsamt mein Huat.

LUZE Der Gamsbart freut mi.

FROSCHHAMMER Den gibst ma zruck, host ghört, der reut mi!

ALTMEIER Du kimmst aa mit dem Geld net naus.

LUZE Was hoaßt net naus? Ihr habts verlorn.

SIEBER Guatwilli gibst as wieder raus,
Denn sunst gibt's Sporn,
Weilst gschwindelt hast mi'n falschen Spiel.

LUZE Wia willst denn des beweisen, sag amal?

SIEBER Ja, i erklär dir glei den Fall.
Tua Karten her! – De san ja wieder leer?
Der hat mit Zauberkarten gspielt.

ALTMEIER Du Freunderl, mach uns ja net wild!

FAUST Geh zua, i will koa Rauferei.

FROSCHHAMMER Zerscht unser Geld her, aber glei!

LUZE Was für a Geld? Der Huat is leer.

FROSCHHAMMER Des werst ma büaßen. D' Hüatling raus!

LUZE Dann mach ma zerscht die Liachter aus.
(Es wird plötzlich finster)

ALTMEIER Wo is er hi?

BRANDL 's Geld hat sei Spezi!

SIEBER Der kimmt mir grad recht – du, den hetz i.

BRANDL Au! Machts a Liacht – he, Rosl, kimm!
(Rosl mit Laterne, es wird wieder hell)

LUZE *(Sitzt mit Faust auf dem Bierbanzen. Altmeier hat Sieber und Froschhammer den Brandl beim Kragen)*
Ihr raufts als wia die großen Viere,
Und koana woaß von euch, warum.
Machts doch glei selber Harakiri,
Denn ihr seids mehr als wia saudumm.

ALTMEIER Mögst uns derblecka no am End?

FROSCHHAMMER Iatz werd eahm 's Messer einegrennt.

LUZE I glaub, es is net spitzi gnua.
Schaugts liaba nach in aller Ruah
Und untersuachts die Hosentaschen,
Des werd euch nomal überraschen.

SIEBER I hab mei Geld – ja, is des mögli?

ALTMEIER Und i hab's aa – des is ja schreckli!

BRANDL Und mir geht aa koa Kreizer ab!

FROSCHHAMMER Ja, daß i alles wieder hab?
Bis auf'n Gamsbart mit'n Huat!

LUZE Den kriagt mei Herr, dem steht er guat.
Sei Kopf werd no von mir verjüngt.
Wia waar's mit euch, wenn jeder singt:
Mei Huat der hat drei Löcher,
Drei Löcher hat mei Huat.

ALLE *(singend)*
Und wenn er net drei Löcher hat,
Dann is er net sei Huat.

LUZE Und sehchts, die drei Löcher warn aa für was guat:
Durch de is euer Geld wieder naus ausm Huat.
Wenn euch wer fragt, wia des is gschehgn,
Dann sagts: Mir habn an Teufel gsehgn!

ROSL Jess Maria!
(Licht aus und Donner)

FROSCHHAMMER Du Rindviech, iatz hast alls verscheucht.

ALTMEIER Höllsakradie, was is denn wieder?

SIEBER Schnell bring a Kirzen her und leucht!

ROSL *(entzündet die Laterne)*
Mir klopft mei Herz so unterm Mieder.
Wo san denn de zwoa Fremden hi?
Mitsamtn Banzen sans verschwunden.

FROSCHHAMMER *(schaut durchs Fenster)*
Is wahr iatz oder täusch i mi?
Da hat scheint's a Raketen zunden,
Mi'n Faßl fliagns a Ehrenrunden
Und iatz im Kurs gradaus und naus.

BRANDL I zahl und geh ganz schleuni zhaus.
Da, Rosl, nimm und gib mir raus.
Wo is denn jetzt mei Zehnerstutzen?

SIEBER Mei Geld is aa weg – hast as du?

ALTMEIER Was soll i habn? Geh, tua di putzen,
Du Knalldepp, du – des is der Clou!
Zwoa Hosentaschen hab i, laare.
Froschhammer, raus mi'n Diredare!

FROSCHHAMMER Euch hat's vom Boa weg, denn i hab des mei.
Da müaßt ja 's euere aa drin sei?
Ja wia? Ja was? I friß an Besen:
Der Beutel is weg – da is er gwesen.

BRANDL Da schaugts die Karten o am Tisch:
Die Schafkopfbildln warn doch weg –
Is mei Erinnerung nimmer frisch?

ALTMEIER Auf alle Karten schwarze Fleck,
Ja schaugts doch her – des siehcht doch jeder:
San des net lauter Schwarze Peter?

BRANDL I rühr de Karten nimmer o.

FROSCHHAMMER Mei alter Huat – min Gamsbart dro!

ALTMEIER Und unser Geld – des habn ma gsehn.

ALLE Gottseibeiuns! Des is er gwen!

Der Spiellader

Iatz brauchat ma a Hexenküch
Mit Nachteuln und mit schwarze Katzen,
Spruchbandeln mit viel Zaubersprüch
Und Kralln, de an der Haustür kratzen,
Und Rotaugn, de durchs Fenster glotzen,
An giftign Hofa, der wo dampft,
Kreuzottern, de aan Tisch verrotzen,
Aan Riesen, der ums Haus rumstampft,
Drei Kugelblitz, a hölzers Glachter,
A Pfeifkonzert, aan Wirbelsturm,
A Wildsaustall, a zammakrachta,
Mit Gstank wia-r-aus der Odelgrubn.
Und drin a Hex, a alte Zuchtel,
A gschlampats Mistviech mit oan Zahn.
An Feuerhaken hats als Fuchtel,
Rinnaugat is – so waars Programm,
Wia's is und aa zum Luze passert,
Wenn er an Faust verjüngen lassert.
Des aber wolln ma übergeh,
Weil's gräusli is und gar net schö.

I bild mir ei, er führt an Faust
Woanders hi, wo 's eahm net graust.
Er gaukelt eahm a Wunschbild vor,
Denn Zaubern is ja sei Ressort,
Da braucht er koane, de eahm hilft
Mit Kaffeesatz und Pflanzengift.
A Lustschloß kriagn ma iatz zum schaugn –
's kunnt schöner sei, 's werd euch scho taugn.
Denkts halt mit eigener Phantasie
Euch da und dort dazua was hi.
Mir könna 's net so reich gestalten,
Ihr werds euch trotzdem unterhalten!

In der Wünschelburg

oder

Wia der Luze als Dokta den Faust verjüngt

(Prunksalon mit Spiegelwand an der rechten Seite. Ein goldener Sarg als Liege an der Rückwand)

LUZE *(mit Faust eintretend. Der Luze hat den gewonnenen Hut mit Gamsbart auf dem Kopf. Faust mit Kotze)*
Intrate Amice,
Raketenkomplize!

FAUST Ganz feucht bin i scho durch und durch.
Wo san ma iatz?

LUZE In meiner Wünschelburg,
Z'höchst aufm Berg – hab i's derratn?

FAUST Zerscht muaß i nausschaugn, wo i bin.

LUZE Des könnts net – is aa gar koa Schadn.
Mei Wünschelburg is innen drin
Im Bergmassiv.

FAUST Willst du mi fanga?
Eisperrn vielleicht? Da werd nix draus!

LUZE Wenns weg wollts, brauchts es bloß verlanga,
Dann fliag i mit Euch wieder naus.
Mir san ja aa vom Wirtshaus furt,
Wias gsagt habts, Ihr wollts geh.
Wenn oana nix dergleicha tuat,
Na laßt man halt gern steh.

FAUST I kimm schier nimmer ausm Gaffa,
Du machst mi langsam angst und bang:
Hab i den ganzen Flug verschlaffa?

LUZE No ja, er war net gar so lang.
Warum, hast irgendwie an Zweifel?

FAUST I glaub, i kriag Respekt vorm Teufel.
Trotzdem laß i mi net verführn.

LUZE Ihr brauchts mi ja bloß kommandiern,
Dann gschiehcht des alles, was Euch paßt.
Warum auf oamal so geniern?
Wenn Ihr mir alles überlaßt,
Dann führ i Euch, so wia-r-i denk.
I moan, so schlecht hab i net gwählt;
Des Schloß könnts habn von mir als Gschenk,
Weil da herinn Euch gar nix fehlt.

FAUST Ja ja, i muaß scho sagn: a Pracht!
Wenn i damit mei Stubn vergleich,
De wo i ghabt hab – no guat Nacht,
Da bin ja i auf oamal reich?

LUZE *(klatscht in die Hände)*
An deckten Tisch mit Kaktusblüah,
A Flaschen Krimsekt, Kaviar –
Des schmeckt Euch gwiß aufs letzte Bier.
(Pagen bringen das Gewünschte)
Schaugts her und sagts, ob des nix waar?
Nehmts Platz – möcht net an Takt verletzen
Und mich erst nachm Herrn hisetzen.

FAUST Merkst wohl, daß i an Hunger gspür.
Ja, beinah möcht i Abbitt leisten,
Weil i so grob bin gwen zu dir.

LUZE Mit Recht. I derf mi net erdreisten
Als kloana Knecht, in so am Fall.

FAUST *(lachend)*
Na, heut bist mindestens Hofmarschall.

LUZE Mercie beaucoup, mon chevalier.

FAUST Aha, versteh,
Du redst als Luzifer
Gern in der Diplomatensprach.

LUZE Mir falln die andern aa net schwer,
A Teufelskerl is allwei wach.
Wenn mir mit andere Leut zammkemma,
Dann kannst mi ja Mephisto nenna.

FAUST Da werst ma z' groß in meine Augn.
I siehch di no als Pudelputzi,
Dann kann i leichter owischaugn –
So unter uns, da bist mei Luze.

LUZE Is aa recht, stoß ma glei drauf o
Weil koans von uns mehr krebsen ko.

FAUST Wia moanst denn des? Hast an Vertrag?
I kann doch toa, was i gern mag?

LUZE Beg pardon, sir, comme ci comme ça.

FAUST Red boarisch, Luze, Herrschaftsaa.
Prost Fankerl, alter Engelhasser.
Zum erstenmal a hupfats Wasser,
Neugieri bin i auf des Gsüff.

LUZE Brauchts Euch bloß umstelln! Wenn's net schmeckt,
Dann is der Tisch glei anders deckt.
Na sdorowje – da werds spitzen,
Der macht lebendi und macht Hitzen,
Als Nachspeis hol i a Ballett.

FAUST Laß weg, i reg mi net gern auf,
Dem Bauerndirekta leidts des net,
Der nimmt doch so was net in Kauf.

LUZE Bei mir könnts alls im Spiagel sehgn
Schaugts hi an d' Wand – C'est ça Paris!
(Immer lauter werdende Musik)

FAUST *(lacht)*
Haha!
An Fernsehapparat hast aa?
Wer einsam lebt, ko des scho mögn.
So so, Paris? – I glaub, daß überall so is,
Da kannst a jede Stadt eischalten,
In dem Punkt nimm i koane aus.

LUZE Auf die Moral, dem edlen Alten!

FAUST Geh leck mi – laß mi aus.

LUZE Wollts net a Lebn in Saus und Braus?
Is Euch die Lust auf oamal zwider?
I mach Euch gamsi in de Glieder,
Dann ziahgts Euch zu de Weiberleit.

FAUST Wenn's so weit kimmt, is meistens gfeit,
Was Gscheits hab i da selten ghört,
Wenn ma mit so aam Weib verkehrt.

LUZE Mei liaba Herr, ums Weib unds Geld
Draht sich doch alles auf der Welt.
Und Ihr werds doch koa Ausnahm sei.
Iatz schaugts nomal in Spiagel nei:
Da lassens grad die Schleier falln,
Oan nachm andern…

FAUST Kellnerin zahln!

LUZE Zum Zahln is nix.

FAUST Tuas Bildl weg,
Und d' Musi aa, de macht mi damisch.

LUZE A Zeichen, daß Euch doch erregt.
Vielleicht a bissel was auf Spanisch?
A so a Beischlaf bei der Nacht
Is doch a Wucht –

FAUST Bis Bettstatt kracht
In ihrer keuschen Menschakammer.
Und später kimmt der Katzenjammer,
Dann hängts an mir und woant ma vür
Und heiratn möcht i doch gar nia.

LUZE Is aa net nöti – bloß versuacha.
Weinbeerl findt ma oft im Kuacha.

FAUST I nimmer, laß mi doch in Fried,
A alter Mo tuat nimmer mit.

LUZE A alter Bock hockt aa no auf
Und no a Horn – geh weiter, sauf!

FAUST Hab für was anders mehra Ghör.

LUZE A andere bring i aa no her.

FAUST Was anders hab i gsagt, du Hirsch.
Was taat denn i no auf der Pirsch?
Mi reizt des Weltall – drüber und drunter,
Dei Zauberei und deine Wunder.

LUZE Des größte Wunder seids doch ihr,
Der Mensch, der allwei wieder kimmt auf d' Welt.
Durch Euer Zammtoa, durch des Gspür,
Des wo doch bei koam Gsunden fehlt,
Von was die ganze Jugend tramt,
Des habts Ihr durchs Studiern versamt.

FAUST Ja, bsonders wenn's – es is zum Lacha –
Oa Dummheit nach der andern macha.

LUZE Soll i Euch d' Jugend nomal gebn?

FAUST Von Kloa auf möcht i s' net derlebn.
Halbstark glei gar net – mir war's gnua.

LUZE Na sagn ma: Dreiavierzga Schuah.
Dreißg Jahr, des moan i, war vielleicht
Des richtige Alter, wenn's Euch recht is.
Wer da im Lebn no nix erreicht,
Von dem woaß jeder, daß er schlecht is.

FAUST Daß d' Kartenbildl verschwinden laßt
Und Geld kannst kripsen von de Leut,
Daß d' mit mir durch die Gegend rast,
War scho des erste Kunststück heut.
I trau dir aa d' Verjüngung zua,
Nur sag amal, wia machst denn des?
Werd des a lange Tranklkur?
Tuats weh? Gspür i des im Gekrös'?

LUZE Ja freili gspürt ma's – d' Seel bleibt wach.
De laßt ja sowieso net nach.
Was lebt, besteht aus lauter Zelln,
De wechseln alle mit de Jahr,
De aus der Jugendzeit, de fehln
Und genga aus, grad wia de Haar.
A bissel muaß i Euch scho kentern,
Bis des, was abstirbt, is heraußd.
I kann Euch aa figürli ändern,
Dann aber san S' koa junger Faust.

FAUST Du, mach fei ja koan Hirsch aus mir!

LUZE Da werd der Stoff zum Gweih net glanga.
No eher für an kloana Stier,
Ihr kemmts scho richti aus der Manga.

FAUST Du kannst mi walgln zerscht und wuzeln,
Umkrempeln gar no bis aufs Boa?
Bloß d' Seel derfst mir net außa zuzeln –
Wenn des so geht, dann kannst as toa.

LUZE Guat! Charascho – dann steign ma ei!
(Klatscht, worauf die Pagen den Deckel von der Sargliege abheben)

FAUST Wiaso? Ausgrechnet in an Sarg,
Muaß des a Totentrucha sei?

LUZE Koa Angst, es werd bestimmt net arg,
Der alte Faust muaß drinna sterbn,
Sunst kann der junge Faust net werdn.

FAUST Woher hast du denn so a Macht,
Was nur der Schöpfer selber ko?
Hast du von eahm a Stückl pacht,
Hast so was leicht scho öfter to?

LUZE Der, den du moanst, is net dagegn,
Sunst kunnt heut des mit dir net gschehgn,
Er woaß, daß i di prüfen möcht.
Die Hauptsach is, es is dir recht.

FAUST Mir scho. Was aber sagt der tierische Geist,
Wenn i mir de Verjüngung leist?

LUZE Teats nur schö eisteign, Euer Gnaden!

FAUST Mi'n samtn Gwand?

LUZE Ja, alls mitnand.

FAUST Dann warten gwiß scho d' Schabn und d' Maden,
Und wenn i drinna ganz verdirb,
In dera letzten engen Kammer?

LUZE Zu was de Umständ? – Urfaust stirb!

FAUST Dann mach, was d' willst, in Teufels Nama!
(Steigt in den Sarg, der von den Pagen verschlossen wird)

LUZE *(Setzt sich auf den Sargdeckel)*
So! – Jetzt hab i 'n in de Kralln,
Die Fausttragödie is verspielt,
Iatz kunnt meintwegn der Vorhang falln,
Doch dann waar alls bloß halb so wild.
Für eahm waars guat, er hätt sein Friedn,
Doch hat er seelisch net gnua glittn,
Und grad an seinen Liebesleiden
Will sich das Volk ergötzlich weiden.
Des alles kunnt i eahm dersparn,
Doch Mitleid waar für mi a Schmarrn.
(Legt sich der Länge nach auf den Sargdeckel)
Soviel liegn drin, verfalln schö stad,
Und wenn mas nomal wecka tat,
Dann sagert mancher gwiß dazua:
Geh laß mir doch mei ewige Ruah.
Vor mir habns koane, i zwicks oft,
Am Sitzfleisch nimmer, an der Seel.
De selbn, de wo koa Ruah mehr finden,
Obwohls im Bettgstell drin no ghofft,
Daß alle Sorgn danach verschwinden.
Ausgfressen hat fast jeder was,
Und über alles wachst koa Gras,
Bloß über seine Boana.
Auskemma tuat ja koana,
waar er net gstorbn so feucht und naß,
Taat er sich z' Tod no woana.
Wenn d' Seel alloa is, siehchts es ei,
Viel z' spät natürli spannts die Not.
Da kimmt alls auf, was er im Sei
Mit andere alles ogstellt hot.
De Reu und Leid! – Wia mi des freut,
Des Wüaste merkt er, net des Schöner,

Und wia des alles um eahm schreit.
Eisehgn und nix mehr ändern könna,
Des is der erste harte Schreck,
Und aa des Höllische vo drent.
Sei Gwissen bringt er nimmer weg,
So wia ma des herent scho kennt.
Da werdns verdruckt und menschenscheu,
Und wer verzweifelt, moant am End,
Wenn i mi umbring, is vorbei,
Und hat si ganz gewaltig brennt.
(Klopft auf den Sarg)
Er wollt's ja scho, iatz halt nur aus.
Sei Lebtag war er net vorm Gricht,
Drum schalt i 'n zruck und laßn raus –
I hab mi ja dazua verpflicht.
(Stellt sich vor den Sarg, beschwörend)
So, alter Dokta, iatz verschwind,
Faust, drah di um mit Gaudium!
Steh auf und laß des Alte hint!
Verwandel di, wer wieder jung!

FAUST *(Wirft den Sargdeckel ab und springt heraus als Oberlandler mit Hut und Gamsbart)*
Bin scho da, zur Auferstehung,
Jünger möcht i's gar net habn.
Du, des war a so a Drehung,
Wolltst mi du vielleicht begrabn?

LUZE Hat koa Mensch was gsagt davo.
Fescher bist, des siehch i scho.
So werst du a jeder taugn.
(bringt ihm einen Spiegel)

FAUST Muaß i glei in Spiagel schaugn.
Sag, wia bin i beianand?

LUZE I moan, des werst scho selber gspürn,
Wenn dir bei dem Bild scho was schwant.
Wia reagiert's denn jetzt, dei Hirn?

FAUST *(sieht im Spiegel das Bild einer Frau)*
Was is denn des? – Bist du net gscheit?
Bin i a nackerts Weiberleut?
I wollt doch mi im Spiagel sehgn.

LUZE Warum? Bloß zwegns der Eitelkeit?
I wollt di bloß a weng erregn,
Damit di 's Jungsei mehra freut.

FAUST So schaugt a Weib aus ohne Gwand?

LUZE Ja, wenns no knuspri is und schö.

FAUST Und hast du de grad bei der Hand,
Kunnt i net glei zu dera geh?

LUZE Verjüngt is alles wieder neu,
Habgier a alter Erdenbrauch.
Und du verratst di scho mi'n Mäu,
Daß dei Verstand rutscht untern Bauch.

FAUST Wia kann denn so was mögli sei!
Hab i koan Blick net ghabt dafür?
Wem ghört des Bild? – dei oder mei?
So wia de dort liegt, tiaf im Schlaf,
So keusch und brav, de ghört no koam.
Is so was bstimmt für unseroan?
I müaßt a Herzog sei, a Graf!
Na na, des gibt's ja net im Traum,
A so a Weib mit so am Leib,
De existiert auf Erden kaum,
So quasi bloß als Zeitvertreib.
Is des a Trugbild, sag amal?
Es ghört zwar kaum mehr zu de gweichtn
Und trotzdem is des erste Wahl –
Soll des a Todsünd sei zum Beichten?

LUZE Natürli net, der Schöpfer hat's so wolln,
So wias am Mo gfallt, hat ers gmacht.

Alls was an sich hat, hats net gstohln,
Wenn 's sündhaft is, hat's er aufbracht.

FAUST I kann di ja mit nix vergleicha,
Du Weibsbild, du, gib mir a Zeicha,
Damit i gspür, du ghörst zu mir.

LUZE Bild aus! Sunst kann i nimmer redn mit dir.

FAUST Du Schuft, du! Hast as umbracht, sag?

LUZE Der Spiagel spiagelts dir bloß vor,
So oane kriagst doch alle Tag.

FAUST So oane nimmer, is net wohr! So oane net!
Wo hast as hiverschwinden lassen?

LUZE Wer nur net glei am Anfang blöd,
Du kannst di jetzt scho nimmer fassen.

FAUST Was führst denn du jetzt für a Red?
I laß mi doch von dir net duzen.

LUZE Wenn's dir net paßt – der Diener geht.

FAUST Bleib doch, i hätt ja sunst koan Nutzen.
Was is des für a Apparat,
Mit dem ma so in d' Weiten siehcht?

LUZE Des Weib, des di so reizen taat,
Des is vielleicht für di hergricht.

FAUST Warum vielleicht? Woaßt Du wos wohnt?

LUZE Warum sollt i des Kind net finden?
Doch besser waars vor dir verschont,
Denn bringst as du amal in Sünden,
Dann fallt des Schönste von ihr ab.

FAUST Halt du koan Vortrag, red koan Papp!
Brings her zu mir, i brenn vor Gier.

LUZE Herzaubern kann i s' bloß als Bild,
Doch muaßt des schöne Schloß aufgebn,
Sunst werd der Wunsch dir net erfüllt.

FAUST Ach, liaba in der Armut lebn,
Im Himmel is alloa net schö.
Geh weiter, laß uns zu ihr geh,
Mir steign glei in dein Wolkenkarrn.

LUZE Jetzt is der Leichtsinn in di gfahrn.

FAUST So hats ja doch der Teufel gern.

LUZE Guat! Nunter ohne Erdenschwern
Zum schönen Liebesabenteuer.
Schloß, verschwind in Rauch und Feuer!
(Beide ab, über einem Flammenbild fällt der Vorhang)

Der Spiellader

Ja, wenn den Menschen d' Jugend plagt
Und alls, was mit ihr zsammahängt,
Dann werd net überlegt und gfragt,
Scho gar net an die Folgen denkt.

Der Luzifer, der hat die Macht,
Der Faust dagegn koan Dunst davo.
Wia sich der sell in d' Faust neilacht
Und grinst dabei: Iatz hab i'n scho!

Der alte Faust waar gscheiter gwen,
Der Jung dagegn – mir werdn's ja sehgn.
Sei Schloß is weg, und auf der Gaß,
De wo grad aufbaut werd da hint,
Da tuat si iatz scho wieder was,
Da trifft er glei des schöne Kind.
Net so als wia-r-im Spiagelbild,
Es werd scho net die gleiche sei,
De hat ja bloß die Lockung gspielt.
Doch bei der echten fallt er nei
Und sie mit eahm; ja, ja, die Liab,
De werd die schwerste Krankheit bleibn.
Doch moana d' Leut, ma sollts so trüab
Und gar so tragisch net beschreibn.
Drum soll der Dichter eher werbn
Und net aan Appetit verderbn.

Auf der Gassn
oder
Wia der Faust die Gretl osingt

FAUST So ganz alloa, schöns Fräulein, auf der Gaß?
Da gibts doch irgendwen, der irgendwas
Mit Eahna redn kunnt, Begleitung tat net schadn.
Da hänga S' Eahna ei, dann braucha d' Leut net ratn.

GRETL I bin koa Fräulein, bin net schö,
Kann ohne einghängt ganz guat geh.
I brauch koa Begleitung, i bin net krank,
Herr Sowieso, entschuldigen S' – schöna Dank!
(Macht sich los und eilt fort)

FAUST Höllsakra, is des Weibats liab,
Halb gschnappi und verlegn;
Daß i mit meiner Frag verdirb
Des Treffats, hab i gsehgn.
Respekt sag i, da geht's net glei,
Des hab i deutli gspannt.
A Jungfrau, aber doch net scheu,
De hat an Stolz beinand.
Für mi war des a kloana Korb,
Und weils mi jetzt erst reizt,
Hast ghört, stellst as mir nomal vor,
Wennst mir die sell net neidst.

LUZE Ja meinetwegn. Die welche soll's denn sei?

FAUST Geh stell di net, du hast as gsehgn,
Ums Eck hint gehts grad nei.

LUZE Ach de? – De is vom Beichten kemma,
De hab i kniageln sehgn vorm Gitter,
Drum wollts aa net mit dir glei renna,
Sie fürcht die Sünd so wia-r-a Gwitter.
Da hab i no koan Einfluß drauf.

FAUST Wiaso: Halt di ihr Alter auf?
De is doch gwiß scho sechzehn Jahr.

LUZE Mi'n Staatsanwalt hätts da koa Gfahr.
Drum nahmst as wohl ganz gern in Kauf?

FAUST Was 's Gsetz sagt, waar mir wurscht bei der,
Für mi is s' reif und drum muaß s' her.
Wennst des net zammbringst bis heut nacht,
Dann san mir zwoa ab morgn verkracht.

LUZE Woaßt, was i dir als Teufel sag:
Da brauch i mindestens vierzehn Tag,
Bis i de richti auskundschaft,
A so, daß s' uns ins Netz neilafft.

FAUST Wenn de net früher hera geht,
Dann brauch i di als Teufel net.

LUZE Hast a Talent, wia-r-a Franzos?
Dann gehst meintwegn glei auf sie los.
I aber rat dir, laß des sei!
Beim ersten Schmus fallt de net rei.
Schö langsam drogeh, dann hast mehr.
De Freud, de halt so lang net her,
Drum laß dir Zeit – aa wenn's di zwickt.
Was hast denn, wenns bei dir drin liegt?
Bleib selber hart und bleib heraußt
Und werd net schwach als Dokta Faust.

FAUST Halts Mäu und fang koa Predigt o,
Weil des der Teufel doch net ko.
I möchts auf alle Fäll vernaschen.

LUZE Du hast as no net in der Taschen.
I sag dir bloß, des schöne Kind,
Des kriag i für di net so gschwind.
Fall ja net mit der Tür ins Haus,
Mi'n stieri sei richst da nix aus.

FAUST Mit dir, Mephisto, is a Jammer,
Schau nach, wo s' schlaft, in welcher Kammer,
Verschaff mir irgendwas von ihr,
An Straps, a Brusttuach oder ebbs.

LUZE Bloß weil i Mitleid hab mit dir,
Du mit deim ungeduldigen Peps,
Führ i di ungsehgn zu der Kloan.

FAUST Und kann i s' sehgn und aa glei habn?

LUZE Na na, du kannst ihr no nix toan,
I brings zerscht mit der Nachbarin zamm,
De impft's ihr besser ei als i
Und macht des mehr mit Infamie.

FAUST Und sie is gar net da, is weg?

LUZE Dafür kannst schnuffeln in jeds Eck,
Damitsd den Umkreis wenigstens riachst
Und später dich vor ihr net fürchst.

FAUST I fürchten? Spinn mi do net o!
Schnell, wo i auf sie warten ko,
Da gehn ma hi – weis mi zu ihr!

LUZE Laß dir nur Zeit, es is no z' früah.

FAUST Dann bsorgst inzwischen was für mi,
Weil ohne Gschenk möcht i net hi,
Laß mi net lang im Zweifel sei!
Zum Teifel nei! *(Geht ab)*

LUZE Na ja, i woaß grad so an Platz
Mit an vergrabna Silberschatz.
Den soll er ihr dann schenka,
Umsunst wohl net, des könnts Euch denka.
Und aa des Greterl fallt drauf rei
Der Mensch ko schlechter als a Teufel sei.

Der Spiellader

(Niest)
Helf Gott, daß wahr is! – Mit dem Niaßa
Tritt i scho wieder in mein Stand
Als sogenannter Lückenbüaßer.
Warum? Des habts ja eh scho gspannt.

Was gschiehcht so hinter de Kulissen,
Des soll as Publikum net sehgn,
Des alte Bild werd wegga grissen,
Scho weil die Leut d' Abwechslung mögn.

Der Umbau für die Szenerie
Geht freili net ganz ohne Kösten,
Was hintrum gmacht werd, sag 'euch i,
Der Herr Direkta woaß am besten.

Prospekt, Versatzstück und Soffitten
Und d' Leut dazua, de des bewegn.
Da derf net gredt werdn hint und gstritten
Und ghammert, weil des d' Leut net mögn.
(Man hört Klopfen hinter der Bühne)
Entschuldigts, wenn ma grad was hört,
Es laßt sich manchmal net vermeiden,
Der Inspizient hat aa grad plärrt,
Es geht net allwei bloß mi'n Deuten.

Der Dichter schreibt des oafach vor
Und kritisiert an Reschißör,
Wenn net grad alles stimmt aufs Hoor.
Er richt's aa meistens anders her,
Macht diamal gar no mehra draus
Und beißt si nei als wia-r-a Zeck.
Geht eahm dabei net alles naus,
Streicht er vom Text die Hälfte weg.

Die Spieler habn's dabei net guat
Mit Lese-, Stell- und Gwanderprobn,

Bis jeder alles richti tuat.
Ma derf des ganz Theater lobn,
Und is amal a Stück für Katz,
Die ganze Müah und Plag umsunst,
Net pfeifa wia am Fußballplatz,
Schö durchfalln is ja aa a Kunst.
Den guaten Willn zum Spieln, den habn ma,
Drum mach ma weiter, wenn's euch recht is.
Iatz sehgn ma glei die Gretlkamma
Und wia-r-a Mannsbild frech und schlecht is,
Und beinah sein Verstand verliert,
Wenn eahm der Teufel was souffliert.

Am Feierabend in der Kammer

oder

Wia-r-er auf oamal liabsnarrisch werd

GRETL I gaab was drum, wenn i bloß wüßt,
Wer wohl der Herr heut gwesen ist,
Der mi so ogredt auf der Gaß?
Ob des sei Ernst war oder Gspaß?
Guat hat er ausgschaut, hab 'hn gsehgn,
Ehvor er auf mi her zua is.
I aber war ja so verlegn,
I glaub, der hätt bei alle 's Griß.
Ma ko sich aber auf der Gassen
Net oafach hoambegleiten lassen.
Was hat wohl so a Herr im Sinn?
I frag amal die Nachbarin.
Der Muatta derf i's gar net sagn,
I glaub, de tat mi haun und schlagn.
(Geht zum Vogelhäusl)
Gel Hansi, du pfeifst ihr no nix?
Sunst – sunst – kriagst Wichs.
Paß auf mei Kammerl recht guat auf,
I geh und kimm bald wieder rauf. *(Ab)*

LUZE *(am Fenster)*
Steig nei, grad is dei Gretl weg.
Gib obacht auf die Blumenstöck,
Unds Vogerl dort im gelben Gfieder,
Des is dahoam ihr Auf und Nieder.

FAUST No, bei dem Oan werds wohl net bleibn.
(Steigt ein)

LUZE Mit dera wirst di bald beweibn.

FAUST Guat spioniert! Recht oafach, aber schö.

LUZE Bei jeder Dirn is net so sauber.

FAUST Laß mi alloa iatz, kannst scho geh!

LUZE Na ja, wennst moanst, du Unschuldsrauber.
Gel, witterst scho an Gruch von ihr,
So wia der Stier bei seine Küah – du Bummel!

FAUST Halts Mäu und schwing di iatz du Hummel! *(Luze ab)*
Da also lebts und schlaft durch d' Nacht,
Des liabe Menscherl – keusche Gretl.
Was hast du bloß aus mir jetzt gmacht?
Sie geht mir nimmer aus 'm Schädl.
I muaß mi hiknian vor ihr Bett,
Als wenns oan Fuaß raushänga hätt,
Und i – i streichel ihr die Wadel.
Ganz hoaß macht mi des Kemenatl.
Ihr Bettvorhangel reiß i runter,
Heb Duckert auf – liegts denn net drunter?
Is s' denn net da? I schmecks doch deutli
Und gspürs in mir, i bin so zeitli
Eingstellt auf sie. Wo bist denn hi,
Du blonde Liab, bist net no drinna?
Sylvester Faust, i kenn di nimmer.
Es draht sich alles wia im Kreis,
Da steht des kloane Paradeis.
Gib Obacht, Gretl, kumm net rei.
Sunst müaßast glei die Meine sei!
Kamst du iatz stantepede einer,
I müaßt mi schama grad vor deiner.

LUZE *(am Fenster)*
Mach schnell, sie werd glei wieder kemma,
Im Schrecka derfst as niamals nehma.
Da nimm des Kastl mit dem Schmuck
Und leg's ihr hoamli unter d' Duck.
Da hab i glitzerde Sachen nei,

Es sollt zwar für a andere sei.
Doch Weib is Weib und Spiel is Spiel.
Findt sie des Gschmeid im Bettzeug drinna,
Woaß s' glei, mit was des ko verdiena.

FAUST I will net, daß sie so weit denkt.

LUZE Was möchst denn sunst wohl von ihr gschenkt?
Red net soviel, es kimmt die Zeit
Fürn Glust und für die Lüsternheit.
Iatz mach und schick di – tua's schnell nei.
Du werst doch iatz net geizig sei!
Warum auf oamal soviel Takt,
Hat di vielleicht dei Gwissen packt?
Schnell tummel di und schwing di raus,
Sie geht grad eine vorn ins Haus.
A Nasen voll kannst ja no nehma.

FAUST *(Steckt das Kästchen ins Bett)*
Moan grad, i muaß in mir verbrenna.

LUZE Und i moan, wennst as näher kennst,
Daß du amal in ihr verbrennst. – Hau ab!
(Beide verschwinden)

GRETL So schwül is drauß und aa herin,
I bin ganz durchanand im Sinn.
Die Nachbarin moant, i waar soweit
Und sollt iatz mehra unter d' Leut,
Ma soll net warten, bis ma weibert,
Es war a Schand,wenn d' Jungfrau allwei
Jungfrau bleibert.
(Singt)
Was is die Liab auf Erden
Doch für a hoamlichs Ding,
Und wenns bekannt will werden,
Verlangts glei nach'n Ring.
's gibt Weibeln und gibt Manndeln
Für wen bin i geborn?

Wer werd um mi verhandeln?
Wer hat mi auserkorn?
Vielleicht is grad a feiner,
Der wo mi amal mag?
Mag net – i laß koan einer,
Der fragt am liachten Tag.
O mei, i woaß gar nimmer, wia mir is.
Wenn nur mei Muatta kaam
Doch woaß i aa net gwiß,
Obs mir die Hitzen nahm – vielleicht bloß er?
Er geht mir nimmer ausn Kopf, der feine Herr,
Es is mir so, als ob – des ko net sei,
Bei so an arma Madl bricht doch koana ei.
Mei Gott! Wer bat den Vorhang zrissen?
Is jemand da? Geh, bittschön, reds!
Die Duckert is durchwühlt unds Kissen!
Hast du net aufpaßt, Hansi, kloana Spetz?
Is da wer unterm Bett? Teats mi net schrecka!
Ja, oana war herin, i kenn's doch an der Decka.
Was is denn des? Wo kimmt des Kastl her?
Wer hat des da versteckt?
Es scheint so wertvoll und so schwer,
Ob mi wohl oana neckt?
Muaß doch bestimmt für mi was sei!
A Schlüssel hängt am Bandl,
Wenn i jetzt aufsperr und schau nei?
Siehch i an Bodn und leere Wandl,
Dann war der Schenker wohl a Lehrer.
Iatz tu i's auf – o Himmel, schau!
Da drinna is ja no viel mehrer,
Als wia-r-i meine Augen trau?
Hab so was Schöns no gar nia gsehgn,
Den Schmuck kunnt ja a Gräfin tragn!
A so a Gschenk und meinetwegn?
Zum Kirchageh derft's i net wagn,
Bloß hoamli leg i s' o, de Ketten.
I möcht bloß wissen, wias ma steht
Mei, findt ma so was in de Betten?
De Ohrring, naa, de ghörn ma net

A goldna Armreif? Gretl freu di!
Di muß a Prinz, a Fürscht verehrn.
(Hat inzwischen alles angelegt und betrachtet sich im Spiegel)
Mei Gott! Da werdns ma allsamm neide,
Des gibt's net, des kann mir net ghörn!
Und wenn's so waar? Ja, schö gnua war i,
Daß mi a echter Schmuck wohl ziert,
Und net bloß so a Tschariwari,
Der auf der Dult oam obotn wird.
Doch was hilft d' Schönheit, 's junge Bluat?
Des is wohl alles echt und guat.
I bin ja neamd, 's is zum Derbarma.
Zum Gold, da drängt, am Gold, da hängt
Doch alls. – De Reichen jedenfalls
Hängt's um an Hals – an dem verderbn die Arma. –
Naa, i gib's zruck, i derf's net nehma,
Es is so schö, es is so schad.
Wenn i nur wüßt, von wem? Er sollt halt kemma.
Die Nachbarin woaß vielleicht an Rat.
(Nimmt das Schultertuch und wendet sich zum Gehen)

Der Spiellader

Was soll i iatz sagn? So genga die Gang!
Der Luzifer fadelt die Liabsgschicht scho ei,
Und d' Gretl, de hängt bereits drin in de Fang,
Da kimmts nimmer außer – er spinnts scho so fei.
Sie hat no koan Grundsatz, sie kennt si net aus,
De Arme, de Kloane, de Dumme.
Was solls denn scho macha mit dem Reichtum im Haus?
Laufts jetzt zu der Nachbarin umme.
Mei Deandl, was tuast denn? Sei ja auf der Huat!
Solltst net der Muatta alls beichten?
Der Rat von de Mitmenschen is net so guat,
Weils meistenteils selber oan bräuchten.
Die Lena, die saubere Nachbarin,
Is gwiß net die richtige Frau,
De hat aa mit dir net des Beste im Sinn
Und selber aan Seelen-Verhau.
Bis jetzt war dei Lebn manierli und nett,
Iatz wechselts wohl nüber – die andre a so.
Der Faust und der Luze, de macha's no fett.
O Gretl, o Gretl du warst amal froh!

Bei der Nachbarin
oder
Wia Gretl scho gar nimmer siehcht, nimmer hört

(Garten mit Laube und Gartenhäusl)

LENA Oaschichti bin i, mei o mei!
Ach ja! Wo werd er denn wohl sei,
Daß i solang scho nix mehr hör?
Werd eahm der Herrgott wohl vergebn.
Wenn i nur wüßt so ungefähr,
Ob er no überhaupt am Lebn?

Koa Nachricht schickt er und koa Geld,
I hab scho 's Haus verkaffa müassen,
Und irgendwo drauß in der Welt
Spielt er Soldat, laßt si derschiaßen.

Mei, san die Mannerleut oft dumm!
Wenn nur a blechers Kreuzl winkt,
Beförderung und a Medaillon,
Dann rennas furt mi'n ganzen Schwumm,
Aa wenn's d' Familie ins Unglück bringt.
A hölzers Kreuz is zletzt der Lohn.

GRETL *(In ein langes Tuch eingehüllt)*
Grüaß Gott, Frau Lena – seids im Garten?
Da kimm i vielleicht net so recht?

LENA Ja Gretl, di laß i net warten,
Hoamgarten geh is niamals schlecht,
Und bsonders für a Ding, a jungs,
Wia du oans bist; was führt di her?
Seit wann bist du a so umschlungs
Und eighüllts Deandl? Hast koa Hitzen mehr?
Leg ab dei Tuach, es is doch net so kühl.

GRETL O mei, Frau Lena, mir is sogar recht schwül.
Schauts her, den Schmuck, und deswegn bin i kemma,
Er is in meiner Schlafstubn glegn. – Moants Ihr,
Den derf i nehma?

LENA Ja, Gretl, Mädl, was is los?
Du schaust ja wia a Gräfin aus!
Wer schickt dir so was und für wos?
War er denn scho bei dir im Haus?

GRETL Wen moana S' denn?

LENA Na den, der wo di ogredt hat.
Wer soll's denn anders gwesen sei?

GRETL I muaß Euch sagn, er hat's in Bettstatt
Unter Duckert nei.

LENA Wenn's so is, red er ziemli deutli,
Der geht aufs Ganze, werst as sehgn.
Wia kann ma so a jungs, liabs Maidle
A so derschrecka?

GRETL I bin ja so verlegn.

LENA I wollt, es war bei mir drin gschehgn,
Mir waar's net unrecht, Kind! Des Glück!
Stoareich macht di a jedes Stück.

GRETL I kann mi doch net auf der Gassen
Mit solche Ohrring oschaugn lassen,
Mit so am Armreif, mit der Kettn –
Was denka da die andern?

LENA Daß sie's aa gern hätten.
Woaßt was, du laßt den Schmuck bei mir,
Da kannst 'hn tragn, so oft als d' willst.
Der Muatta zoagat i 'hn gar nia.
Weilst sunst des Ganze schnell verspielst.

GRETL Vielleicht taats gar sagn, der is gstohln.

LENA De taat scho no was anders denka
Und schließli aan Herrn Pfarrer holn
Weil der die Sündenabsicht kennt.
'leicht möcht sie's gar der Kircha schenka.

GRETL I merk scho, wia's an mir dro brennt.
Am besten waar's, wenn i den Herrn
Bald wieder treffat – i gib's zruck.

LENA Der trifft di sicher, bald und gern.
Der will zu dir und laßt net luck,
Dann aber will er was von dir –
Koa Geld – was anders für den Schmuck.

GRETL Was anders – ja, was dann dafür?

LENA Mei Rat is der: Du gibst as mir,
Er soll bei mir danach zerscht fragn.
I wer eahm scho des Richtige sagn.

GRETL Mei Gott, iatz kimmt wer, gar mei Muatta?

LUZE *(eintretend)*
I bin so frei, wenn Sie erlaubn?
Koa Angst, i bin a ganz a Guata,
Des derfa S' ohne weiters glaubn.
I wollt bloß nach Frau Schwertlein fragn.

LENA Ja, des bin i!

LUZE In Lebensgröß?
Dann kann i's ja aa später sagn.
Der hohe Bsuach macht mi nervös,
I schau morgen mittag wieder nach.

LENA *(zu Gretl)*
Der halt di scho für a Komtess.

(Zum Luze)
Sie störn doch net – is gar koa Red.

GRETL O mei, i hab net soviel Sach,
Der schöne Schmuck ghört gar net mir.

LENA Den hab i ihr bloß oziagn lassen.
Es is a Erbstück – guat steht er ihr.
Der kunnt ihr gar net schöner passen.

LUZE Der Schmuck machts wohl alloa net aus,
Ihr Wesen is, i kenn's am Gschau.
Wia is' na? Gehn ma nei ins Haus?

LENA Ach, bleibn ma da!

LUZE Gern, schöne Frau!

LENA Na, schöne Frau, es geht scho grad.
Is Eahna Nachricht aa so schö?
Wo komma S' her? Gwiß von der Stadt?

LUZE Ja, von der Stadt, und von weit her.
I mag aa gern ins Ausland geh.

LENA Ihr bringts mir Post von eahm? Hat er
Iatz endli gschriebn? Von wo?

LUZE Frau Witwe! Könnts de Red vertragn?

LENA Was? Is er tot? Der guate Mo!
Wia hat mi unser Herrgott gschlagn.
O Gott, o Gott, i bin alloa!

GRETL Frau Lena, kann i Euch was toa?
(Setzt sich mit ihr auf die Gartenbank)

LUZE I woaß, es is für Euch a Qual,
Wenn i mit der Tür in' Garten fall.

Des Schlimmste is der erste Schock.
Erlaubn S', daß i mi aa herhock.
Ihr wollts ja doch was Nähers hörn.

LENA Mei, wenn ma's nimmer ändern ko,
Werd mi des Nähere aa net störn.
I war ja so lang ohne Mo.

LUZE Und wahr is doch seit alter Zeit,
Daß neban Leid hockt glei die Freud.
Drum is der Leichtrunk meistens lusti,
Und wenn as Herz is no net krusti...

LENA Erzählts ma was! Wia war sei End?

LUZE In Padua liegt er begrabn,
Beim heiligen Antonius.
Sie solln ahn offen beigsetzt habn
Mit allerhand so Heldenschmus.
Und links und rechts a heiligs Liacht.

LENA Dann is er gfalln, i hab's ja gfürcht.
Und sunst? Was wißts Ihr no von eahm?

LUZE Net viel hat er mir gsagt vorm Sterbn.
Ihr sollts eahm Messen lesen lassen,
Voraus a feierlichs Requiem.

LENA Moant der vielleicht, i ko iatz prassen?
Hat er für mi nix übergebn –
Goldstückln oder Diamanten?
Is er denn ohne Erbschaft aus'm Lebn?

LUZE Es war nix Wertvolls mehr vorhanden,
Obwohl er aa mit gräubert hat.
Die Fehler hat er arg bereut,
Oft hat er gwoant und bitt um Gnad.

GRETL Ach, für a guate Ewigkeit
Will i für eahn an Himmel bitten.

LUZE Zu allerhöchst wohl in der Mitten?
Da aber is koa Platz mehr frei,
De habn sich scho an Rang abgstritten,
Und i war aa amal dabei.

GRETL Wer? Ihr?

LUZE Na, redn ma net von mir.
I wollt gern über d' Liab was redn,
Habts net scho 's Heiraten im Sinn?

GRETL I kunnt alloa net vorn Altar hitretn,
Und dann – ob i scho so erwachsen bin?

LUZE Auf Probe kannst ja mit oam geh,
Des Vorspiel is ja bsonders schö.
Und nimmt di oana schö um d' Mitt,
Kimmt aa bei dir der Appetit.
Brauchst ja net glei an d' Hochzeit denka,
Und oamal muaßt as doch verschenka.

GRETL Mei, des versteh i alles net,
Der Herr führt so a schlimme Red.

LENA Ihr wollts doch mir no was erzähln?

LUZE Ja richti, von seim Sterbebett.
A Haufa halbverfaulte Straa,
De besser net so gstunka hätt.
Drauf is er glegn und andere aa,
War gar net weit vom Schlachtfeld weg.
Und a Gejammer und a Gschroa,
(Zu Gretl)
Entschuldig, wenn i di derschreck.
Die Füaß warn weg, des ganze Poar.
Er hats aa gspannt, es geht dahin.
»Gott, daß i so verlassen bin!«
So hat er gröchelt, »Mei guats Wei,
Mei Magdalena du, verzeih!«

LENA (*weinend*)
Mei Jackl, waarst doch no am Lebn,
Hätt dir ja alles gern vergebn.

LUZE »Warum nur hab i sie verlassen?
Sie muaß mi ja von Grund auf hassen.
Daß i verlorn hab die Geduld,
Da wars scho aa a weng mit schuld.«

LENA Was i? Wia kann ma denn so lüagn?
An Tod im Gsicht und so was sagn!

LUZE I glaub, er wollt no's Messer ziahgn.
Doch derf ma 'hn deswegn net verklagn.
Er war grad im Delirium,
Im Fiaber redt der Mensch oft gspassi:
»I Rindviech, mei, wia war i dumm.
Hab i garbat, geht sie Gassi,
I bring s Brot für sie und d' Schraazen,
Und für mi hat sie nix kocht,
Gschlagn bist fei mit solche Maatzen,
Hätt ma liaba sie einglocht.«

LENA Der Bazi, mei, Gott hab 'hn selig,
Hat der mei Liab und Treu vergessen.
Solang als i mit eahm vermähligt,
Bin i dahoam als Hausfrau gsessen
Und hab mi plagt und hab mi gschunden.

LUZE Des hat er gsagt in seine letzten Stunden.
»Bet hab i«, sagt er, »Tag und Nacht,
Für d' Frau und Kinder allwei wieder,
Und des hat mir an Segen bracht.
Wia mir mi'n Schiff san übers Meer,
Gehts auf a türkisch Fahrzeug nieder,
Besatzung habn ma niedergmacht.
A Million Piaster ungefähr,
Des ganze Gold vom Sultan fast
Hat uns ghört, und mei Anteil, der war groß.

LENA O Jackl, wennst für uns was gräubert hast,
Spricht di der Himmel von de Sünden los.
Gwiß hat er 's irgendwo vergrabn?

LUZE I glaub, davo is nix zum habn.
Ihr wißts ja, daß d' Soldatn gern saufa:
Heut leb i no, morgn bin i gstorbn.
Dann is eahm oane in d' Händ nei glaufa,
De war von Haus aus scho verdorbn.
Und weils eahn gschlechtlich aufgweckt hat,
Und weil er ihr alls zuagsteckt hat,
Hat sie ihn angsteckt, damit er aa was hat von ihr.
Er war vernarrt – da kann er nix dafür.

LENA Was? Nix dafür? Der Lump! Der Track!
Der schlechte Kerl! So a Fack!
Die ganz Familie so verratn.
Der Nixnutz kann oam doch nur schadn,
Der is ja 's ganze Lebn net wert!

LUZE Drum is er tot – Ihr habts es ghört.
An Eurer Stell taat i a Jahr,
So wia's der Brauch is, um eahn trauern.
Und nebnbei, a verliabta Narr,
Werd Euch amal am Weg auflauern.
Denn mit der Zeit vernarbn die Wunden,
A Frau wia Ihr hat bald oan gfunden.

LENA O mei, so wia mei erster war,
Find i net leicht an andern.
Wenn i no denk ans Hochzeitsjahr
Und vorher – des Lustwandern
Beim Mondschein durchn Buachawald.
Er war so miegert und so griffi.
Daß eahm aa no a andere gfallt,
So hin und wieder, hat er pfiffi
Verhoamlicht zwar, i hab's erfahrn.
I woaß, daß mir recht glückli warn
Die erste Zeit – grad in dem Garten.

Schuld warn die Würfel und die Karten,
Daß er für unser häuslichs Brot
Am Zahltag nix mehr hoambracht hot.

LUZE Na ja, so is die Liab im Lebn,
Bei Euch zwoa hats halt aa net klappt.
's hat oans dem andern außer gebn.
Bei dera Nachsicht, die Ihr ghabt,
Taat i mi selber fast net fürchten.

LENA Vor was? Was moant der Herr damit?

LUZE *(für sich)*
Verschwind am besten aus der Liachtn,
Bevor s' ihr Witwenherz ausschütt,
Sunst nimmts an Teufel no beim Wort.
(Zu Gretl)
Na, Deandl, was d' da ghört hast, war net lusti.
Es war wohl net der rechte Ort.
Bist so schö gwachsen und so brusti.

GRETL I hab net gar so viel verstanden,
Was moant der Herr? – I woaß koa Antwort drauf.

LUZE Unschuldigs Trutscherl! – Is wohl Zeit!

LENA Sie halten uns doch gar net auf.
Und außerdem – zum ganzen Leid,
Möcht i doch gern a Zeugnis habn,
An Nachweis, daß er gwiß is tot.
Des Wann und Wo er liegt begrabn.
I kunnt a zwoatsmal mi net paarn,
Vier hab i scho, de bei mir warn,
Abweisen müassen trotz der Not.

LUZE Wenn sich zwoa Zeugen dafür finden,
Dann werd der Zweifel glei verschwinden.
Oan hab i no, er wart auf mi,
A strammer Bursch und so geduldig.

LENA Warum sagn S' des net glei, ach, Sie!
Bin doch die Gastfreundschaft no schuldig.
Geh, holn S'n doch!

LUZE Ja bitte sehr!
Wenn Sie gestatten, bring i'n her. (Ab)

GRETL *(nimmt ihr Tuch)*
Frau Lena, i derf nimmer bleibn,
Es dauert z'lang, i muaß ja hoam.

LENA Muaßt deiner Muatta Erdäpfel reibn?
I hätt für di ja aa was z' toan:
Tischdecka holn, an Kaffee kocha.
Zwoa solche Gäst in dera Wocha,
De kemma doch net jeden Tag.
Vielleicht, daß di der andere mag.
(Ab ins Gartenhaus)

LUZE *(mit Faust)*
Iatz sei doch stad und net so wuid,
Grad hab i gredt von der Geduld,
De dir als Eigenschaft so liegt.

FAUST Wia-r-i des Warten überbrückt,
Des fragst mi net, du Fledermaus.

LUZE Der Diener geht doch zerscht voraus.

FAUST Und wia schaugt's aus? Is alls in Butter?

LUZE Die Nachbarin is günstiger wia d' Mutter.
Fürs Kuppeln grad des richtige Wei,
Bloß müaß ma ihr aan Wunsch erfülln.

FAUST Tuast du mein Willn, tua i dein Willn.
Was solls denn sei? A schöna Ring?

LUZE Den möchts und aa an Mo dazua.
Der erste is scho Pfifferling.
Sie hat halt amtlich erst a Ruah,
Wenn Jakob Schwertlein totgsagt wird.
Und dieses wird erst konstatiert,
Wenn mindestens zwoa Zeugen kemma
Und des auf Meineid aussagn könna.

FAUST Wer kann denn des? I woaß von nix.

LUZE I hab ihr vorgmacht, daß ihr Mo
Bei Padua drunt is gfalln.
Da brauchts an zwoatn Zeugen no,
In dem Fall di vor allm.

FAUST Da muaßt mit mir zerscht nunter fliagn,
Des muaß i sehgn, i möcht net lüagn.

LUZE Na, wennst bei mir bist, derfst as toa.
Es is doch grad auf Bsuach die Kloa.

FAUST Und nur aus dem Grund bin i her.
Kimmst mit dem Zeugnis mir in d' Quer,
Mir geht des Falschtoa gegan Strich.

LUZE Da kriagt dei Gwissn no koan Stich,
Unds erstemal werd's wohl net sei.
Daß d' bloß was zuagibst so zum Schei.
Hast net bei deine Vorträg oft
Scho was behaupt, des gar net stimmt,
Und mancher Kranker durch di ghofft,
Daß er vom Sterbbett außer kimmt?

FAUST Es is no jeder außer kemma.

LUZE Ja, aber meistens glei in d' Trucha.

FAUST Treib du net mit mein Gwissen Wucher,
Was war, des liegt Jahrzehnte zruck.

Was i als Alter net gern schluck,
Bringt mi als Junger net in Druck.
I will mei ungebundens Lebn.

LUZE Dann kannst des Zeugnis aa hergebn,
Schwörst in der Liab no ewige Treu,
Da is da Meineid scho dabei.

FAUST Sei stad! Dort kimmts.

LUZE D' Frau Magdalena.

FAUST Und wia hoaßt sie?

LUZE Du lernst as kenna!

LENA *(Kommt mit Gretl ohne Schmuck. Sie bringen Tablett mit Kaffeegeschirr und Tischdecke)*
Ach, meine Herrn, glei stell i ab.
(Zu Gretl)
Deck schnell an Tisch!
(Zu Luze)
Und nehma S' Platz mit Ihrem Freund.
Aan Kaffee hab i gmacht ganz frisch,
I derf doch eiladn. Wia mir scheint,
Kimmt wohl der Herr vom Oberland?

FAUST Ja, von de Berg als Bursch so für d' Natur.
Bin mit der Flora guat bekannt.

LENA So, mit der Flora?

FAUST I moan des wissenschaftli nur.
Bin Jaga, wenn i grad was siehch.

LUZE Ja Schürzenjaga! Oh Pardon!

FAUST Und er is manchmal recht a Viech,
Und da vergreift er sich am Ton.

LENA Nix liabas als wia lustige Leut.
Grad an dem Tag, wo Sie mir heut
Die Trauernachricht...

LUZE Da redn ma morgn.
Mir werdn fürn Nachweis alles bsorgn.

FAUST *(zu Gretl)*
Schöns Fräulein, habn ma no an Groll
Auf den bewußten Herrn?

LENA Im Gegenteil.
Wüßt net, warums gekränkt sei soll.
Langts zua, trinkts an Kaffee derweil.

LUZE I glaub, daß de sich besser unterhalten,
Wenn mir uns net dazwischenschalten.
Schö plaudern könna S' aa mit mir.
Zum Schmusen zwoa, zum Trinka drei,
Zum Singa vier.

FAUST In dem Fall gabs wohl koa Quartett.

LUZE Dann sagn ma oafach: zwoa Duett.

FAUST *(ZU GRETL)*
Ihr habts mi doch glei wiederkennt?

GRETL Ja, glei, i war bloß net drauf gfaßt.
Und dann, was mi am meisten brennt...

LUZE *(zu Faust)*
De brennt scho, Faust, de paßt!

FAUST Du bist net gfragt!
(Zu Gretl)
Wo brennts denn auf der Seel?

GRETL Des kann i net so oafach sagn.

LUZE I kann mir's denka.

FAUST *(zu Luze)*
Auf der Stell
Haltst du dei Mäu, sunst nimm i di beim Kragn.

LENA *(zu Luze)*
Iatz hab i gmoant, Sie redn mit mir?

LUZE 'vor i mi schlagn laß no von eahm.
(Trinkt)
A guate Brüah!

LENA A schöna und a stramma Herr is scho Ihr Freund.
Und außerdem – mir scheint, mir scheint!

LUZE De habn sich 's erstemal net troffa.

LENA Und aa net 's letztmal, wolln ma's hoffa.
Geln S' mei Kaffee!

LUZE Hab nix mehr drin.

LENA Entschuldign S', glei giaß i nach.

LUZE I glaub, des hat net recht viel Sinn,
Er kann net raus, er is zu schwach.

LENA Ach Sie! Die Kann is leer
Und trotzdem – komisch – no so schwer.
(Hebt den Deckel)
I will aan frischen macha.

LUZE *(geht mit Lena)*
Erlaubn S', i trags.

LENA Sie san a ganz galanter Herr.

LUZE Und Ihr a Weib wia Wachs!
(Mit Lena ins Gartenhaus)

FAUST Iatz san ma grad alloa,
Aa wenn er uns no hört,
Der pelzig Bua – i moa,
Wer is, der Euch verehrt?
Der kann doch trotz seim Schmuck net landen.

GRETL I woaß net, wia der Herr des moant,
Daß er mit mir so redt?

FAUST *(scharf)*
Hat di no koana ins Eck nei gloahnt?

GRETL Was Ihr da sagts, versteh i net.

FAUST *(sanft)*
Du Wesen ohne Arg und Lug,
Du Liachtglanz in der Dustern,
Du bringst mei Inners so in Flug,
I kunnt mi wia a Pfau aufplustern,
Wenn der Verstand sich net so sträubat.
Was moanst, wenn i bei dir da bleibat?

GRETL Ihr treibts mit mir an argen Gspaß,
Wia soll i Red und Antwort steh?
Ihr spielts Euch bloß mit mir. –I paß
Doch z'weni und bin z'weni schö
Für so an weltgewandten Herrn.
Obwohl – aan Nama wissat i ganz gern.

FAUST Liabs Kind, i aa. Wia hoaßt mei Mädel?
Zu mir derfst sagn Sylvester.

GRETL Sylvester? Da paßt net guat die Gretl.
I sagert liaba: Allerbester!

FAUST Des möcht i sei, wenn du mei Allerbeste bist.

GRETL Wenn mi wer möcht und net vergißt?
Sylvester klingt schier so wia »aus«,
Und mit dem Tag is Jahr vorbei.

FAUST *(zieht sie an sich)*
Doch net mit dir, du goldigs Wei!
Soll i zu mein Begehrn
Nebnbei vielleicht no schwörn,
Daß i koa andere nimmer mag?

GRETL Ach, bis zum jüngsten Tag.

FAUST Des waar a halbe Ewigkeit.

GRETL O naa, des bin ja i net wert.
Solang i leb, is aa a Zeit.
Und wenn mir nur a Stünderl ghört,
Dann hab i tausend für Euch über.

FAUST Da, moan i, redn ma heut no drüber.
Du bist wohl oft alloa?

GRETL Des wohl, der Haushalt is zwar kloa,
Und doch muß alles richti gschehgn,
Mit Kochen, Waschen, Putzen, Fegn
Vergeht scho d' Zeit, und d' Muatta schaugt
Recht granti, wenn ihr was net taugt.
Mir könnten uns scho aa was leisten,
Mei Vater hat was hinterlassen,
So recht und schlecht wia bei de meisten
Geht's aa bei uns so einigermaßen.
Dahoam is halt a weni stad,
Mei Bruada, der is eingruckt als Soldat,
Unds kloane Schwesterl is uns gstorbn.
Mit ihr bin i kaum fertig wordn,
Mir habn oft gwoant scho ihretwegn,
Doch tat i's heut no hegn und pflegn.

FAUST War gwiß a Abziehgbild von dir?

GRETL Ja, grad a so als war's von mir.
So hab i 's aufzogn mit viel Müah und Not,
Weil d' Muatta krank war und der Vater tot.
Sie is ganz langsam wieder worn,
Hat aber so an Kraft verlorn,
Daß sie ihr Kindl nimmer stilln
Hat könna, und nach ihren Willn
Hab's i mit Milch und Muas derhalten,
Am Arm rumtragn, in Schlaf neigsunga,
Hab eahm scho glernt die Handerl falten.
Wenn's gschrien hat...

FAUST Dann war's guat für d' Lunga.
Hast gwiß viel Freud ghabt an dem Kind?

GRETL Ja, viel, und hat's a Winderl plagt,
Hab i's mi'n Tatscheln schnell verjagt.
Bei meiner Bettstatt war die Wiagn,
Und weil doch Kinder oft was kriagn,
Hab i's aa öfter bei der Nacht
Versorgt und wieder trocken gmacht,
Zu mir neiglegt mit Eia und popeia.

FAUST I bin so neidi auf des Kind.
Es war dir gwiß recht liab und teuer?

GRETL Ach, daß i's nimmer quicklebendi find,
Tuat mir so weh.

FAUST Oh jeh! So wia du redst,
Hättst du vielleicht gar nix dagegn,
Wenn du amal a eigens hättst.
Des kimmt fei aa vom Bett neilegn.

GRETL Mei Muatta hat amal was gsagt,
Die Nachbarin mehr – i hätt gern gfragt:
Wenn unseroans des Kindl tragt,
Was tragt dann er, der Mo, der Schatz?

FAUST I glaub, daß sich der net viel plagt,
Wenn er sie net auf Händen tragt,
Er gibt ihr hie und da an Schmatz.

GRETL Mei Muatta moant, a Schmatz is gfährli.

FAUST So gfährli is er wieder net.
Paß auf, i gib dir oan und wett,
Du laßt dir's gfalln und gibst vor allm
Den Schmatz glei wieder zruck.

GRETL O bittschön, naa, i trau mir net.
(Steht auf)

FAUST Es is ja bloß a Probestuck.
Geh weiter, laß di halsen! Bleib doch do!

GRETL *(läuft weg)*
Sylvester, naa, i fürcht mi so!

FAUST *(folgt ihr)*
Da muaß i länger balzen!

LENA *(mit Luze aus dem Gartenhäuschen)*
Mir Weiber san am schlechtsten dro,
A Junggsell laßt si schwer belehrn.

LUZE Es kimmt auf guate Weiber o,
I laß mi schließli scho bekehrn.

LENA Auf guate Weiber? Glangt net oane,
De wo no Holz hat vor der Hüttn?
Na, irgendwo wart scho a Kloane.

LUZE Frau Magdalena, möcht scho bitten!
Und wenn – i gab's net zua in Eurer Gegenwart,
I tua mi doch in dene Sachen hart.

LENA De Red hat wohl auf echt net golten,
Sie schaugn net aus so unbescholten.

LUZE Na ja, i bin durchaus net unbegabt.

LENA Habn S' also doch scho oane ghabt?
Und wia is jetzt? Kaam Euch de Lust net o?

LUZE Wohl, wohl, des sell tuat wohl.

LENA Hab aber net viel gspannt davo.
I war doch aa erwartungsvoll,
Wenn nur der Rechte kaam und möcht.

LUZE Der eigne Mo war halt der Recht.

LENA Mei Gott, den habn S' als Toten bracht
Und selber mir no Hoffnung gmacht.
Mir kunnten alle zwoa von dem
Nomal im Gartenhäusl redn,
Damit ma de zwoa hint net störn.
Der Freund tat eher was begehrn.

LUZE Drum möcht i's Häusl net lang bsetzen.
(Für sich)
De kann sogar aan Teufel hetzen.
(Beide ab ins Gartenhaus)

FAUST Verflixt, iatz san de zwoa grad eine!

GRETL Warum? Is net heraus so schö?

FAUST Wenn i in deine Augn nei schau,
Is mehr, als wennst was redst.
Aus jedem Fräulein werd a Frau,
Wennst bloß an Glust drauf hättst.
(Küßt ihr die Hand)

GRETL Geh, so was busselt ma doch net.
Aa wenn i's vorher gwaschen hätt,
San von der Arbat ganz vergrindt.

FAUST Und weiter obn?

GRETL Is wohl a Sünd.

FAUST Hab denkt du sagast weiter unt.

GRETL *(lachend)*
Wer macht denn so was mit de Füaß?

FAUST *(umfaßt Gretl stürmisch)*
Gretl, Mädl, laß mir doch dein Mund!
Nix sagn! Ganz stad!
(Küßt sie innig)

GRETL *(entwindet sich)*
Warum is denn a Sünd so süaß!

FAUST Es is koa Sünd – die Sünd is süaßer.

GRETL Ma hört so viel von Sündenbüaßer.

FAUST Bei Mann und Frau, da gibts koa Buaß.
Ja, wenn er s' habn will, nachha muaß s'!

GRETL *(Pflückt eine Sternblume)*
Bei Mann und Frau?

FAUST Du sollst di net beklagn,
I habs im Sinn, hör iatz auf mi.

GRETL Laß mi des kloane Bleaml fragn,
I hab sunst neamd – es geht auf di.

FAUST Glaubst du an so was?

GRETL 's is bloß a Spiel,
Lach mi net aus.

FAUST Mir sagts mei Gfüh'l!
Kann i's mit hörn, des Sprüchl?

GRETL *(rupft die Blume)*
Von Herzen – mit Schmerzen –
A bisserl – gar net – er liabt mi!

FAUST *(sie umarmend)*
Von Herzen!

GRETL Aua, bittschön net mit Schmerzen!

FAUST Laß nur des Bleamlwort als Himmelsausspruch gelten!

GRETL Des muaß i wohl der Muatta melden.

FAUST Tua nix dagegn und bhalts für di,
I ziahg mit dir durch alle Welten,
Du bist der höchste Schatz für mi,
Mehr wia der Schatz im Kastl drin,
Den du im Bettzeug gfunden hast.

GRETL Du woaßt, wo's war?

FAUST Wo hastn hin? I war der Gast!
Grad in dem Schmuck möcht i di sehgn.
Nur in dem Schmuck – sunst gar nix o –
Mi'n Armroaf und der Ketten dro.
Du Königin!

GRETL Mein Gott!
(Läuft weg)

FAUST *(ihr folgend)*
Sag doch: Meintwegn!

LUZE I muaß iatz weg, mi reißts in alle Glieder.
Bis morgn, dann sehgn ma uns ja wieder,
Obwohl, i sag's Euch ehrli,
Des Gartenhäusl werd ma z' gfährli –
Sogar für mi.

LENA Wo san denn unsere andern hi?

LUZE De tean no Fangamandel spieln,
Bis dort san, wo mir zwoa scho warn.

LENA I hoff, er werd dort mehra fühln
Als Ihr!

LUZE Der gscheite Mensch will sparn.
Hätt i denn wirkli Euere Not
Ausnutzen solln als Unglücksbot?

LENA Vielleicht wüßts Ihr am besten,
Wia d' Witwe waar zum Trösten.

LUZE Ja wissen, wissen taat i's guat,
Mir fehlt bloß no der Übermuat.
I kenn a Weib, de jeden möcht,
De is sogar am Teufel z' schlecht.

LENA Na, Gott sei Dank, bin i net gfragt.

LUZE I hab aa gar koan Nama gsagt. –
Iatz habn sie sich hint nei empfohln.

LENA Werd wohl den Schmuck sich nomal holn
Und oprobiern, damit er s' siecht.

LUZE Die schönste Jungfrau wohlgeborn,
Hat bald den schönsten Schmuck verlorn.
A schwache Stund für mi zum Lacha –
Und was möchst du? Aa gern was macha?
Es draht sich alls um Gier unds Geld.
So is amal der Lauf der Welt.
(Es wird finster. Im Gartenhäusl schwaches Licht)

Der Spiellader

Der Himmel is auf dera Welt
Net allerwei so schö erhellt.
Nach jedem Liacht verfliagt der Schei,
Der Wehdam holt die Wollust ei
Es muaß net grad des erstmal sei!

Aus oana glücklichen Stund auf Erden
Kann Reu und Leid zum Unglück werden.

Die Gretl dauert wohl an jeden,
Und bös san viel jetzt auf den Faust.
Er hat den Luzifer vertreten,
Der jung und dumm jetzt in eahm haust.

Wer überlegt in dene Jahr
Fürn andern Teil scho die Gefahr?
Wenn er a guater Denker is,
Versteht er si wahrscheinli drauf,
Wia alles oafach z' nehma is,
Es halt 'hn schließli koana auf.
Dem Richter waar er scho verfalln.
Was macht er denn im Gartenhaus?
Er nimmt und stiehlt, und sie muaß zahln,
Er nutzt die arme Dummheit aus.
Die Raffinierten holn was raus;
Die Braven, de falln nei –
Und so werds allwei sei!
Wia's eahm geht nach der wohligen Tat,
Des werdn ma inne werdn.
Aso a Unschuld geht auf d' Naht,
De kann elendi zehrn.

Im Hochgebirg
oder
Wia der Luze dem Faust sei Gwissen absperrt

FAUST Du überirdischer, tierischer Geist,
So nüachtern bin i lang net gwesen.
Wia mi des Gwissen zwickt und beißt,
Hab i no in koan Büachl glesen.
Und trotzdem is in mir alls leer. –
An was trag i denn gar so schwer?
An dem, was sie tragt? I hätt's leicht,
Weil i mi ja bloß drucka bräucht.
Verziaghn, verrolln, verduften!
So macha's alle Schuften.
O grimmiger Geist, schau mi net o,
Denn halbwegs hab i's ja scho to.
No in der Nacht hab i s' verlassen,
Wias endli, müad vor lauter Woan,
Eigschlafa is – i ko's net fassen.
Was hab i ogfangt mit der Kloan?
Sie hat net mögn und hat's net wolln,
Sie hat ja gar koa Ahnung ghabt,
I glaub, i hab ihr alles gstohln.
Wo bin i denn bloß einetappt?
Mir is auf oamal alls so widri,
Wia steh i do vor ihre Augn,
So hundserbärmli und so niedri!
I kann ihr nimmer ins Gsicht neischaugn
Des Gsicht! O mei, des liabe Gsicht!
I habs ja als a ganzer gsehgn,
Habs rumtragn wia-r-a Federgwicht.
So schö is net die andere glegn,
De von der Wünschelburg im Bild.
Die Jugend war's, de macht oan wild.
So wia der Hirsch in seiner Brunft,
So war i voller Unvernunft,
Vor lauter Sucht waar i no gstorbn,

Und wia's vorbei war, hab i gmerkt:
Iatz hab i sie und mi verdorbn!
Mit Himmelskräften war i gstärkt,
Und auf amal geht alls tiaf owi.
Allmächtiger Herrgott, sag, was hob i
Denn falsch gmacht, is die Liab a Sünd?
Wenn Oans sich in des andere findt,
Warum schickst nach der Innigkeit
Auf oamal so viel Reu und Leid?
Zerscht möchst in ihr verbrenna schier,
Und dann nix wissen mehr von ihr.

I woaß, was d' sagn willst no am End:
Uns fehlt das heilige Sakrament
Der Ehe – des is Ganze – Sylvester, aus!
Des hast versamt, des ghört voraus.
(Im Hintergrund Wetterleuchten über den Bergen)

LUZE He Moasta! Kimm und kehrn ma ei,
Wer werd denn so traamhapert sei
Nach so a Nacht, nach so a geiln!
Mi'n Nachsinniern laßt sich nix heiln.
Hat dir des Jungferl leicht net gschmeckt?
Werst sehgn: Iatz kimmt der Appetit!
I hab scho wieder oans entdeckt.
Des nehm ma uns heut Nacht no mit.

FAUST I wollt, du hättst was anders z' toa.
Geh, druck di iatz, laß mi alloa!

LUZE Hoi, hoi! Warum so ungeniert?
Hat di die Kloa so strapaziert?
Is denn die ganze Lust scho aus?
Du wolltst doch lebn in Saus und Braus,
Und i hab wirkli assistiert
Und kuppelt, daß mit dir was wird.

FAUST Hättst mir a Hurnmensch zuawitragn,
Taat i vielleicht iatz dankschö sagn.
In dem Fall aber liegts mir fern,
Du kannst von mir koan Dank begehrn.

LUZE Wer hats denn 's erstmal gsehgn und wolln?
Wer is denn scharf gwen auf de Molln?

FAUST Abfällig sollst du iatz net redn,
Du gwissenloser Teufel, du.

LUZE Willst für de arme Seel jetzt betn?
Dann mach i ex mi'n Rendezvous!
I suach viel liaba Lust und Freud
Als wia de blöde Einsamkeit.

FAUST I brauch a neue Lebenskraft,
De find i bloß in meine Berg.
De erste Sünd hast du ogschafft,
Und mei Verführung is dei Werk.

LUZE Es is a grandios Vergnügn,
So hoch herobn am Berg obn liegn,
Die ganz Natur so umadum.
Bleib da, i nimm dir's gar net krumm.
Laß nur dei Echo widerhalln,
Wenn auf amal des Gwitter kimmt.
Da drunten woaß i dir a Alm,
Und auf der Alm da gibts koa Sünd.

(Man hört den Ruf einer Jodlerin)

Hast ghört, des war a Sennerin,
De hätt di gern im Kammerl drin.

FAUST Pfui Teufel!

LUZE Warum sagst des zu mir?
I kann ja schließli nix dafür,

Wenn du die erste net vergißt,
An der du selber schuld dro bist.
So sittlich brauchst di net entrüsten.
Wer hats denn auszogn bis auf d' Haut
Und gsagt, sie soll sich ganz entbrüsten
Wia in der Hochzeitsnacht die Braut?
Wer is auf oamal gamsi wordn?
Iatz hast auf oamal keusche Ohrn!
Halts net so zua, 's is bald vorbei,
Dann juckts di wiederum aufs neu.
Sie bringt di niamals ausn Sinn,
Bei ihr, da bleibst du ewi drin,
Die Liab hast ihr z' fest einegossen.
Wahrscheinli kriagts von dir an Sprossen.
Dreiviertel Jahr, dann is heraußt
Der Bua vom alten junga Faust.

FAUST Du lüagst!

LUZE Als Teufel steht's mir zua,
I woaß bloß oans: Sie kriagt koa Ruah,
Und d' Zeit, de werd ihr narrisch lang,
Es is ihr heut scho angst und bang.

FAUST Red du mir nix mehr von der Gretel,
I bin so mentisch narrisch drauf,
I brings ja nimmer ausn Schädel,
Und d' Sehnsucht keimt scho wieder auf.
I muaß wohl wieder zruck zu ihr.

LUZE Nach dem, was war, fragts nur nach dir.

FAUST I eifer scho mi'n Leib des Herrn,
Wenns den empfangt...

LUZE Habs aa net gern.
Scho deswegn, weil des Zwillingspaar
Fürs Zungabussel besser paßt.
Iatz kimmt die Hostie wohl in Gfahr
Beim: Herr, mei Gott, sei unser Gast!

FAUST Du Lästermaul! Du Höllenstar!
Du Stinker! Geh mir ausn Weg!

LUZE Dei Weg is Dreck,
Und Dreck is alls – sogar dei Schädel,
Dei Gfrieß, dei Gstell und aa dei Gretel.
Du brauchst as bloß net drecki sehgn,
Dann kimmts dir allwei recht guat glegn.

FAUST Die Himmelsfreud in ihre Arm,
Wia is des mögli? Gott erbarm
Dich unser! Laß uns net verkemma.

LUZE Warum die Liab so tragisch nehma.
Geh mit zu ihr, in ihrer Kammer
Verfliagt der ganze Katzenjammer!
Mi'n Selbstmord is no net soweit.

FAUST Du redst mir wieder teuflisch zua.
Scho find i's falsch, was i bereut.
I gspür's, i hab aa no net gnua.
Du hast mi jung und narrisch gmacht.
Dei Höll hat sie als Opfer wolln,
Drum hilf zu mir, daß wieder lacht,
Dann kannst uns alle zwoa glei holn.

LUZE Is no nix ausgmacht, hat no Zeit!
Geh nur zu ihr, so oft's di freut,
Stell dir net vor, wia's nausgeh kunnt,
Und freu di auf die nächste Stund.

Der Spiellader

Iatz müaß ma endli a Pause macha,
Sunst werds uns z'vui – erfrischts euch drauß.
Da könnts euch unterhalten nachha
Und ratn dazua: Wia gehts wohl naus?
A kloans Beruhigungspulverl hab i,
Vielleicht hat's oans von euch grad nöti:
Wenn d' Suppen z' hoaß werd, nehma d'Gabe.
's werd net so tragisch wia beim Goethe.
Wer kritisch zuagschaugt hat bis jetzt
Und hat si scho Notizen gmacht,
Der soll brav warten bis auf d' letzt,
Dann sagt er selber: No, guat Nacht!

So Leut, iatz hockts euch nomal nieder,
Die Unterbrechung war scho z' lang.
Mir san soweit, iatz pack ma's wieder!
Den nächsten bis zum letzten Gang.

Wenn oana was Bös ogstellt hat,
Dann treibt'sn zruck, wo des passiert.
Aa wenn er sich net ogmeldt hat,
Der Luzifer, der dirigiert.

Und is ma selber net gnua Wächter,
Obwohl dabei koa Gwissen schweigt,
Dann macht ma's meistens no vui schlechter.
Mir sehng 's ja, wenn der Vorhang steigt.

Am Kirchplatz

oder

Wia der Bruada von ihr die Liabschaft lädiert

(Marienstatue und Brunnen)

GRETL Mei Ruah is weg, mei Herz is schwer,
Wo kriag i mein Frieden wieder her?
Vielleicht im Grab, des i net hab.
Is alls verfehlt auf dera Welt.
Mir is im Kopf so arm und wirr,
Bedenk so hart und red scho irr.
Mei Ruah is weg, mei Herz is schwer,
Wo kriag i mein innern Frieden her?
Nach eahm, nach eahm schau i bloß aus,
I wart auf eahm beim Gotteshaus.
Sei hoher Gang, sei große Gstalt,
Sei Blick, sei Red, de san mei Halt.
Und wia er mi mit seine Händ
Umarmt, hab i no gar nia kennt.
Mei Ruah is weg, mei Herz is schwer,
Wo kriag i mein innern Frieden her?
I wart auf eahm am Kirchaplatz,
Mach leicht mei Herz – wo bist denn, Schatz?
Du bist mei Sinn, du bist mei Lebn,
I kann dir nix und alles gebn.

LIESL *(kommt mit einem Wasserkrug)*
Ja, Gretl, grüaß di, na, wie geht's?

GRETL I glaub fast, net so guat wia dir.

LIESL Doch besser als der Bärbel.
Du, de zappelt jetzt im Netz,
Hasts Neueste von ihr scho ghört?

GRETL Koa Wort, i kimm so wenig unter d' Leut.

LIESL De hockt vielleicht dahoam und röhrt.
Die Berta, de erzählt mir heut,
Daß neigfalln is mi'n Herrn Baran.
Er is gar koana, denk bloß an.
Wia stolz is de an uns vorbei,
Als hätts an Kleiderbügel gschluckt.
Und iatzat is ganz männascheu,
Ma woaß ja scho, was druckt.

GRETL I woaß von nix.

LIESL I sag dir's stad ins Oah:
Wenn de was ißt, dann ißts für zwoa!

GRETL Erwarts a Freud mit soviel Leid?

LIESL Hast du denn Mitleid gar mit der?
De hat vor lauter Eitelkeit
Net gwußt, wias schwanzelt hin und her.
Auf jedem Tanzbodn hast as gsehgn,
Und doch war ihr koa Bursch net recht.
Den Herrn Baran, ja, den hats mögn,
Weil sie natürli ogebn möcht.
Der is mit ihr ins Varieté,
Und sie hat's von ihrn Spargeld zahlt.
Beim Pfeiferlglock und Fünfetee
Hat sie sogar ihr Mäu ogmalt.
Und er hat's wieder weggagschleckt,
Aso habns ihre Köpf zammgsteckt.

GRETL Is des so arg?

LIESL Viel ärger no!
Laßt di dei Muatta nachts auf d' Gaß?
Sie hat si mit eahm zammato –
Kannst dir ja denka, wegen was.
Und heut werds dick, des hats davo.

GRETL Er werds doch heiratn – oder net?

LIESL Des is ja doch des ärgste Gfrett,
Hochgstapelt hat er und is furt.
Iatz is alloa bis zur Geburt.

GRETL Des waar net schö! Mei, arme Bärbel!

LIESL *(Hat inzwischen den Krug mit Wasser gefüllt)*
Bei der werd bald was schrein im Körbel.
Dann hats von eahm a Abziahgbildl
Und d' Windel vorn als Haustürschildl,
Und wenn ers gar no heiratn taat,
Dann reiß ma ihr des Kranzl runter,
Statt Bleameln werdn Brennessel gstraat.

GRETL Wenn de net zammbricht, waar's a Wunder.
Oh, mir wird schlecht, bittschön a Wasser!

LIESL *(Läßt sie vom Krug trinken)*
Ja Gretel, du werst allwei blasser!
Was is mit dir? I kenn di net!

GRETL Vergeltsgott Liesl, es vergeht.

LIESL So was?
(Im Weggehen)
Da kriagt ma schier a weng Verdacht;
Hat sie denn aa a Dummheit gmacht?

GRETL *(Geht zum Betstuhl vor dem Bild der Mater dolorosa und kniet nieder)*
O liabe Maria, schmerzensreich,
Schau doch a weng auf mi.
Du warst amal recht blaß und bleich
Und leidend so wia-r-i.
Mi'n Schwert im Herzen schaust du nauf
Zum oanzigen Kind am Kreuz
Und nimmst die ganze Schand in Kauf,
Denn du woaßt ja bereits,
Daß er in Gloria aufersteht,

Zum Vatern in Himmel fahrt,
Sei Ausspruch in Erfüllung geht.
Woaßt, was auf mi no wart?
I bin so voller Angst und Bang,
Eiwendi tuats so weh.
Wann muaß i leiden und wia lang?
Bitt für mi in der Höh!
Geh, laß mir mein Sylvester,
Er moant's mit mir doch guat,
Er is mei Allerbester,
Laß ihn von mir net furt.
Und hab i mi in Sünden,
I woaß ja net, verfehlt,
Laß uns Verzeihung finden
Vor Gott und vor der Welt.

FAUST *(Kommt leise zur Gretl und hält ihr die Augen zu)*
Wer is, der mi no kennt?

GRETL Sylvester, des san deine Händ!
Vergeltsgott! Muatta Gottes, mei!
Du Allerbester, i ghör dei!
(Umarmt Faust überglücklich)
Laß mi doch nimmer so alloa!
Versprich mir's, des derfst nimmer toa!

FAUST Ma hat gewisse Pflichten,
Da muaß i nachgeh ab und zua.
Es laßt si alles schlichten,
Hätt selber ja koa Ruah.
I hab di net vergessen,
Viel gsorgt mich unterdessen.

GRETL I hätt mit dir so viel zum redn
Und aa zum fragn. Is dir des recht,
Wenn i von dir was wissen möcht?

FAUST *(Geht mit ihr zum Brunnenrand, wo sich beide setzen)*
Zum Beispiel?

GRETL Was is neulings gschehgn.
Hab di auf oamal nimmer gsehgn.

FAUST Es war die schönste Himmelstund!
Du warst so sauber und so gsund,
So rund – des Höchste für an Mo.
I hab ja gfiebert bis ins Mark,
Und du hast nix dergleicha to,
I bin so schwach wordn und so stark,
Du hast di selber ja net gsehgn
Mi'n Goldghäng rum – o mei, wia schad!
Mit gschlossne Augn bist vor mir glegn,
So wia d' Natur di gschaffa hat.
I hab mi über di so gloahnt
Und hab dir weh toa – gsteh's nur ei.
Du hast ins Kopfkiss einegwoant.

GRETL Und hab nix gsagt?

FAUST I woaß bloß oans no: »Muaß des sei?«

GRETL *(Hält ihm den Mund zu)*
Muaß des sei?
Gel Sylvest, du machst mir koan Kummer?
Bloß weil i dir ghör für mei Lebn,
Hast mi und aa mein Schmuck mitgnumma.

FAUST Den net! Was gschenkt is, des is gebn.

GRETL Wia-r-i mi ozogn in der Fruah,
Da war vom Schmuck und dir koa Spur.

FAUST Dann hatn wohl die Nachbarin
Als Mietgeld für ihr Gartenhäusl.

GRETL Wenn i dir ohne schö gnua bin?

FAUST Erst recht, natürli, du kloans Mäusl!
Viel leichter is mir als heut morgn,

Bist no der gleiche liabe Schatz,
Der gar heut ohne Druck und Sorgn
Bei mir sitzt aufn Kirchaplatz.
Die Leut solln sehgn, wer bei dir is,
Meintwegn schauns hinterm Vorhang raus;
Und alles wissens doch net gwiß.
Koa Angst, bleib da, mach dir nix draus!

GRETL I hab koa Angst, bloß möcht i fragn:
Wia hast as mit der Religion?

FAUST Ja mei, was soll i da drauf sagn?
Die Liab, de is mei Konfession.
I glaub an di – du glaubst an mi!

GRETL Moanst du, daß d' Liab als Glauben gilt?
Als guata Mensch bist zwar net bös,
Hast denn als Christ dei Pflicht erfüllt?
Wia bist denn tauft? Geh, sag mir des?

FAUST Ujeh, des is scho so lang her.
Wer kann sich an sei Tauf erinnern?
Warum fragst wia-r-a Kommissär?
Du sollst di net um so was kümmern.

GRETL Um so was? Des sollst aa net sagn,
Ma brauchts doch für die Ewigkeit.

FAUST I hab mi hart durchs Leben gschlagn,
War trotzdem guat zu alle Leut.
Sowas wia di, des laß i gelten,
Oan Menschen habn, der alls bedeut.
Wennst oan derwischt, an ganz Verfehltn,
Is oft zum Umkehrn nimmer Zeit.
Du bist mei erste in dem Lebn.
I sag dir's, weilst mi doch no fragst.
Wem soll i sunst mei Liab no gebn,
An der du doch scho selber tragst?

GRETL I trag dei Liab im Herzen wohl
Und alles, was no kimmt.
Doch wenn's der Pfarrherr segnen soll
Und dir as Jawort nimmt?

FAUST Mei Jawort, Gretl, hast ja scho.
Wen geht denn unser Bund was o?
Es soll a jeder 's Seine glaubn,
Zum Beichten bin i no nia grennt.
I will dir d' Kircha gwiß net raubn.

GRETL Und glaubst du net ans Sakrament?

FAUST Bin net dageg'n.

GRETL Hast koa Verlanga?
Wann bist denn zletzt in Kircha ganga?
Glaubst du an Gott?

FAUST Wer kann's beschwörn:
»Ich glaub an Gott, daß ich die Wahrheit sag!«
Da müaßast zerscht a Engel wern
Und warten bis zum Jüngsten Tag.

GRETL Dann glaubst du net?

FAUST Du derfst nix falsch versteh.
Wer ko scho mit der Allmacht redn?
Wer an Vertrag mit Gott eigeh?
Man kann vielleicht a Bild obetn?

GRETL Sylvester! Derf ma denn so lästern,
Dazua no bei der Kirch hiebei?

FAUST Schau, Gretl, i bin net von gestern
Und net von heut – i denk halt frei.
A Allmacht gibts, des sell is gwiß,
Mir hoaßen's »Gott«, die andern anders,
Genau woaß koana, was des is.

Erst wenn er sterbn soll, nachher spannt er's.
D' Erkenntnis, glaub i, derf net sei,
Er müaßt's uns glatt verübeln,
Sunst bild der Mensch sich zu viel ei,
Er soll net soviel grübeln.

Mir zwoa san da und füranand
Bestimmt auf dera Welt,
Drum wart ma net aufs Himmelland,
Weil uns die Einsicht fehlt.
Denn schau, so wia ma gwachsen san
Zu unserer Jugendfreud,
Des habn ma bloß als Frau und Mann
Und net als alte Leut.
Du siehgst doch aa den Werdegang
Alltägli um di rum,
In unsere Jahr da kriagt der Drang
Den andern allwei rum.
I kenn des Alter, wo der Mensch
Nach gar nix mehr verlangt,
Und wenn ma so als alter Trensch
Zum Nachstudiern ofangt.
Wenn alls vergeht und gar nix bleibt,
Dann kimmst schö langsam drauf.
Solang als Lebn no Blüten treibt,
Is Zeit – mach d' Augn guat auf,
Damitst di selber net versaamst,
Des bissel Dasein net vertraamst.

Sehgn mir denn net in unsere Augn,
Wia guat mir füranander taugn?
Des schönste junge Menschenglück
Liegt doch in jedem Augenblick.
Wenn mir so fensterln gegenseiti,
Wia sich die Sehnsucht da entfalt!
Du bist so liab, so schö, so zeiti,
Die Schöpfung will's, na tean ma's halt.

GRETL Du redst so gscheit, so groß und guat,
So ähnli wia's der Pfarrer tuat,
Doch der legt alles anders aus.

FAUST Ja, der sagt's drin im gweihchtn Haus,
I red herauß, in meiner Sprach.

GRETL Redst du vielleicht net doch was nach,
Was dir der ander eigebn möcht?

LUZE *(Tritt auf mit Klampfe)*
Pardon, Mamsell, wenn i grad stör!
(Zu Faust)
Die Kloane ziahgt wohl nimmer recht?
I wüßt a andere, de geht leichter her.
Da reibt si was mi'n Fensterln zamm,
Du steigst auf d' Loata und i spiel.

FAUST Kimm du mir net mit so aam Kram
Und druck di iatz, du redst ma z'viel.
Du wennst mi nomal so genierst
Und beiseits ihr a so blamierst!

LUZE Hab ja bloß gmoant – i bin scho ganga!
Bei der muaßt gwiß vo vorn ofanga. *(Ab)*

GRETL Siehgst, Sylvest, des tuat mir no weh,
Daß i di in der Gsellschaft seh.

FAUST Warum denn? –

GRETL Er is a schlechter Freund
Und aa net der, für den er scheint.

FAUST I bin ja aa bloß scheinbar der,
Für dens d' mi haltst.

GRETL Naa, du bist mehr,
Du bist mei Alls, was i no mag.

FAUST Und wen magst no?

GRETL Mei Muatta –

FAUST Aber nur beim Tag.

GRETL Und mein Bruada –

FAUST Den Soldatn?

GRETL Den Wendelin.
De Liab geht scho auf Kindheit zruck.

FAUST Er is a Mannsbild.

GRETL Hat viel Sinn
Und waar a besserer Umgang wohl für di
Als wia des undurchsichtige Stuck,
Der wo dir folgt auf Schritt und Tritt.

FAUST Du hast auf eahm koan Appetit,
Des glaub i scho. I will's aa net,
Daß so a Kerl mit dir geht.

GRETL Er paßt aa net als dei Begleiter,
Sylvester, gib's doch ehrlich zua.
Drum sei so guat und schaffn weiter,
Sunst habn doch mir zwoa nia a Ruah.

FAUST Geh zua, den brauchst doch du net fürchten.

GRETL I hab des Gfühl, der scheucht die Liachtn.
I ko sunst alle Menschen leidn.
Bei dem da kunnt ma beinah moana,
Er mag koan Friedn, er will bloß streitn.
A böser Mensch! Er is gar koana?

FAUST A jeder is amal net gleich,
Denn es gibt solche und gibt solche.

Er hat so diplomatische Schleich,
Des is des Ganze; laß di net beirrn.
Und außerdem, er muaß ja mir pariern.

GRETL Wegn meiner brauchast koan Bedienten,
I mach mei Arbeit selber gern
Und sorg für di –

FAUST und für mei Wohlbefinden?
Des is mir wichti. Aber schau,
I hab am Berg zhöchst drobn a Schloß
Da brauch i doch a gnädige Frau,
De wo drin oschafft.

GRETL Ach, so groß
Und herrisch möcht i gar net wohna,
Mir habn zwoa Kammern und a Küch.
Des glangt uns doch in unserm Ort.
Wenn i mei Muatta nimmer siehch,
Und müassat von der Hoamat fort,
Des, glaub i, haltat i net aus.

FAUST Mei Schloß is schöner als des Gartenhaus.

GRETL Naa, wenn der Schelch um di rum is,
Dann moan i grad, die Liab is weg,
Und beten tat i nimmer, gwiß.
I muaß iatz hoam, o mei, o Schreck,
Es werd scho Nacht.

FAUST Des is die Zeit
Für zwoa verliabte junge Leut.
Kunnt i s' bei dir nomal verbringa?

GRETL Die Muatta legt an Riegel vür.

FAUST I kann mi ja durchs Fenster schwinga,
Da kimm i doch leicht nei zu dir.

LUZE *(tritt hinzu)*
Und i will Euch a Standerl singa.
(Singt)
Geh mach dei Fensterl auf, Plimmplimm,
I wart scho so lang drauf, kimmkimm,
A oanzigs Busserl möcht i nur,
Und dann laß i dir no koa Ruah.

WENDELIN *(tritt auf)*
Für de sorg i!

GRETL Ach Wendelin, laß dir was sagn…

WENDELIN Aufklärung brauchts da koane mehr.
Dem Kunden wer i 's Fell verschlagn.
Er is ja wohl der feine Herr,
Der neulings mit dir Katz und Mäusl
Hat gspielt da hint im Gartenhäusl?

FAUST Mach koane Gschichten, Wendelin!
Du woaßt doch gar net, wer i bin.

WENDELIN Des is mir wurscht – in dera Nacht
Hast du da koane Gschichten gmacht?
Wen wolltst denn, lockerer Jodelbruada,
Moanst wohl, mei Schwester is a Luada?
Dei Klampfa hat a Loch und iatz hats mehra,
Da schau hera!
(Zerschlägt dem Luze die Laute)
Und iatz kimmst du dro, Süaßholzraspler,
I bin für di der Darmaufhaspler,
Glei wer i dir dei Gmacht aufschlitzen.

LUZE He Dokta, tua dein Hüatling raus.
I hilf dir scho. Du, der werd spitzen!

WENDELIN *(zieht das Seitengewehr)*
So spitzi is er wia der deine – da gib naus!

LUZE *(pariert mit einem Feuerhaken)*
Warum denn net?

WENDELIN Was is mit dem?

LUZE Den muaßt no lerna! Iatz kimmst in d' Schwemm.

WENDELIN Hast du mi'n Teufel di verschworn?
Du kimmst net auf – mir hilft mei Zorn!
Was is? Mir werd der Arm so lahm?

LUZE Faust, nutz die Glegnheit, stich 'hn zamm!

GRETL Sylvester net! Um Himmelswilln!

WENDELIN Iatz bin i gstocha. Der ko zieln,
Der Schandbursch von der eigna Schwester.

LUZE Schö hast den Lackl niedergstreckt,
Der glangt für heut und aa für später.
Bloß habn ma jetzt die Leut aufgweckt –
Schnell weg mit dir, du bist der Täter!

FAUST *(zu Gretl)* Und du kimmst mit!

LUZE Laß doch de fade Gretl steh,
I fliag mi net so leicht zu dritt,
Geh weiter, laß uns geh!
(Zieht Faust mit fort)

LEUTE Was is denn los? Was is passiert?

GRETL Sylvester! Oh, is des a Graus!
Sylvester hoaßt soviel wia aus. –
Mei Bruaderherz, mei Wendelin!

WENDELIN Dei Bruaderherz is nimmer drin,
Des stirbt und fallt mit mir in Gruabn,
Bloß zwegns dein hinterlistigen Buabn.

Mei, Gretl, schau, bist no so jung
Und nimmer sauber, scho verdorbn.
Du bist scho gfalln, ghörst scho am Dung,
Denn wer sei Jungfernschaft verlorn,
Ehvor ihrs Kranzl aufgsetzt werd, is ohne Ehr.

GRETL O Wendelin! Mei Gott und Herr!

WENDELIN Laß unsern Herrgott ausn Spiel,
Du siehgst, er hat di net erhört.
Was du uns otoa hast, war z' viel,
Er hat di aus der Listen gstricha,
Du bist vom rechten Weg abgwicha.
(Man lehnt Wendelin an den Brunnen)

GRETL *(Wäscht ihm die Wunde aus und verbindet ihn)*
Warum hast du den Handel gmacht,
Zwegn meiner di ins Unglück bracht?

WENDELIN Weil du scho drin warst, dumme Dirn!
Die junga Madeln habn koa Hirn.
Auf di hab i no alles ghalten.
Du hättst as sehgn solln: Aa die alten
Von meine Spezln in der Kompanie,
Wia de hoch gred habn über di.
Dei Schwester, ja, des is die Recht,
A Zier fürs ganze Weibergschlecht.
Bis gestern i no voller Freid
Stoß o auf di vor Eitelkeit.
Da hockas ganz duckmausert rum
Und feixen her auf mi so dumm,
Daß i glei jeden packa kunnt,
Und nach und nach hör i den Grund.
Der Bazi, der bei eahm is gwen,
Der hat's verratn, mit dem muaßt redn.

GRETL I hab mir's denkt, wer des erzählt.

WENDELIN Daß wahr is, hab i selbn festgstellt.

LENA Regts euch net auf, es werd scho wieder,
Die Wunden is net gar so arg.

WENDELIN Die deine hat a kohlschwarz Gfieder,
Und de kannst kaffa um fünf Mark.

LENA Wia redst du in der Todesstund?
Der is scho ganz verwirrt im Sinn
Und aa im Kopf scho nimmer gsund.

WENDELIN Halts Maul, du schiache Kupplerin!
Wenn i nur auf kunnt; kriagast Wichs,
Du windige Rekrutenschicks!

LENA Mei Gott, ma muaß an Pfarrer holn! *(Ab)*

WENDELIN Von dem laß du dei Seel versohln.
Sie hat s' ja austratscht no, de Gschicht.

GRETL O Himmel, wia san d' Leut so schlecht!

WENDELIN Ghörst aa dazua, deck zua dei Gsicht,
Weil di zum Heiratn koana möcht.

GRETL O Wendelin, sei net so hart!

WENDELIN Was soll i auf der letzten Fahrt
Zu dir no sagn? I hab koan Segn.
Was mit dir gschehgn is, des is gschehgn,
Werd wohl net ohne Folgen bleibn.
Du kannst as höchstens wegga treibn,
Ehvor der Bankert kimmt auf d' Welt.
Dei Schand, de werd bald rumerzählt.
Bloß wenn's a Deandl is, laß kemma,
Dann kann's bei dir glei Stunden nehma. –
I siehch wahrhafti scho die Zeit,
Wo alle braven Bürgersleut,
Ausweicha tean vor dir, du Matz!
Und daß von dir koa Hund, koa Katz

Was z' Fressen nimmt – des hast davo!
Da siehchst, die Leut, de genga scho!
(Alle ziehen sich schaudernd zurück)

GRETL Ja, Wendelin, du hast ganz recht,
I trag die Schuld, i war so schlecht.
Erbarm di, Bruaderherz, i bitt,
Wenn du jetzt sterbn muaßt, nimm mi mit!

WENDELIN Ja, wenn i sterbn muaß, gehts dahi,
Und i lad no den Fluach auf di! –

GRETL Und mit an Fluach soll ma net sterbn
Und in der Ewigkeit verderbn.

WENDELIN Was hab i denn alls gsagt zu dir?
I war ja aufbracht wia-r-a Stier,
Hab bloß no Bluat gsehgn, bsuffa war i!
Iatz siehch i nüachtern auf amal,
I fühl mi nimmer gar so gstarri,
Schier möcht i sagn: a klarer Fall!
Wia kann denn i als Mannsbild richten?
Als Bruada – ja da paßt's ma net,
Wenn grad von dir und solche Gschichten
Morgn fruah was in der Zeitung steht.
Als Mannsbild aber, als Soldat?
Wo war i denn da überall?
Wem war denn da a Madl z' schad?
Wia schaugts denn aus, die Kriegsmoral?
Mir habnma gwunna, Feind, iatz zahl!
Mit Land und Geld fürn Staat,
Für uns mit Schnaps und Weiber –
A bluatigs und a lustigs Bad
Als Mörder und als Räuber.
I kimm mit meiner Seel net zrecht
In dera Umwelt, der verseuchten.
I glaub, iatz waar a Pfarrer recht:
Mei Schwesterl, i möcht beichten!

Der Spiellader

Der Mensch lebt meistens in der Stimmung,
De eahm die Umwelt zuadiktiert,
Drum ändert er so oft sei Gsinnung,
Bis er auf d' Letzt sei Gsicht verliert.

Dann steht er nimmer zu seim Wort,
Er fürcht si vor eahm selber no,
Und bringt er's gar zum Meuchelmord,
Macht er sich los und rennt davo.

Mi'n Teufel bleibt er jetzt verschworn,
Und der versetzt eahm seine Hieb,
Er is eahm zum Verhängnis wordn,
Dem alten Faust mi'n junga Trieb.

Sei erste Liab, de war zu schö,
Verpatzt hat ers ja gwiß.
Er kann bloß no ins Ausland geh,
Wo er zwar aa net sicher is.

Drum werd er wohl beim Luze bleibn
Als krimineller Schuft,
Da werd'sn umanandertreibn
In dera dicken Luft.

Im Urwald

oder

Wia der Luze den Faust auf Rekorde trainiert

FAUST *(mit Luze)*
Iatz hab i s' wieder, d' Erdenschwern.

LUZE Es war a ziemlich lange Roas.

FAUST Hast gmoant, i möcht a Engel werdn?
I find, da is ganz höllisch hoaß.
Is scheints dei Wohnung net weit weg?

LUZE Du denkst scho wieder infernalisch.
Des is a ganz a anderer Fleck,
Die Gegend hoaßt der Mensch australisch,
Du wolltst ja möglichst weg vom Schuß.

FAUST Und mit de eingeborna Neger
Kriagn mir vielleicht no viel Verdruß?

LUZE Da gibt's natürli Weißkopfjäger,
De jede Umgangsform vergessen,
Bloß werdn sie sich net hera traun.

FAUST Wahrscheinlich tans bloß mi auffressen,
Denn du bist doch net zum verdaun.

LUZE Hast d' Gretlstimm scho wieder ghört?

FAUST I spür scho wieders Gwissen brenna.

LUZE Da paßt der Eukalyptuswald,
Und unterm Farnkraut traamt ma fern.
Mei Liaba, des verliert si bald.
Wennst magst, kannst glei a Neger wern.
Möchst net amal als Experiment

Dei Dasein wieder neu ofanga?
Da paßt der fünfte Kontinent.

FAUST Dankschö, da hab i koa Verlanga.
Der boarische Wald waar gwiß no besser.
Da hint gibts aa no wilde Sitten.
Mi'n Rosenkranz und langa Messer
Werd z'erscht schö bet und glei drauf gstritten.

LUZE Die Wilden san oft kultivierter,
Und freier lebns in dem Gebiet.
Ob Häuptling, Fischer oder Hüater,
Da kennt ma kaum an Unterschied.

FAUST Dann laß i mi als Häuptling wähln.

LUZE Auf so a Ehr kannst da net zähln.
Durch mi vielleicht, denn zaubern mögns.
Und weiter hörns und besser sehgns,
Ameisen und Schlangen essens gern.

FAUST Der reizt mi net, der Schlangenfraß,
Dann will i doch koa Häuptling wern,
Aa wenn i mehra woaß als de.

LUZE Na, des alloa is aa koa Maß,
Mach liaba draus koa Renommee!
Habns aa koa Universität,
So wissens doch, wia's weitergeht.
Für de is jeder Stoa lebendi
De Burschen, de san ganz schö wendi.
Seel hat a jeder Gummibaum.
Was euch net eifalln taat im Traum,
Sie wissens, wenn s oan owiziahgt,
Daß er als Vogel weiterfliagt,
Und daß a Böser und a Schiacher
Als Giftwurm muaß am Bodn rumkriacha.

FAUST Wenn ausm Mensch koa Mensch mehr werd,
Daß sich de Bruat dann no vermehrt?

LUZE In der Beziehung sans net dumm,
Denn d' Erstgeburt, de bringas um
Und essens auf, daß net verdirbt.

FAUST Net schad, wenn so a Rass ausstirbt.

LUZE Wer woaß! I glaub, die Insulaner
Habn euch no allerhand voraus.

FAUST Ko sei, vielleicht sans gar humaner.
Wia kemmas mit der Schöpfung aus?

LUZE Sie habn aan Gott Daramulun,
Und auf der Milchstraß is der Himmel,
Da findens Herden drobn, und drum
Habns ungefähr den gleichen Fimmel.

FAUST Den gleichen Fimmel als wia wer?
Des möcht i wissen – Sag halt mehr.

LUZE Die Schwarzen, de san näher dro,
Was mancher net begreifa ko.
Du warst zwar oana, der wo suacht,
Hast aber wieder alls verfluacht.

FAUST Ja mei! Es waar ja aa a Wunder
Bei so am Umgang jetzt mit dir.
Da fliag i aa bloß nauf und nunter
Und schau recht dumm und woaß net wia.
Was du machst geht mir scho net ei,
Wia muaß des überirdisch sei?

LUZE I hab im Himmel drobn nix z' suacha.

FAUST Warst doch vielleicht scho oamal drobn?

LUZE Was hoaßt da drobn? I bin a Ruacha,
Habns gsagt, und schlecht zum hobn.
Von mir hat jeder, den ma fragt,
No nia a hohe Meinung ghabt.

FAUST Des hab i dir ja aa scho gsagt,
Mit meiner Liab hat's gar net klappt.

LUZE I bin mit dir so erdgebunden
Als wia du selber, glaub mir des.
Mi macha bloß so selige Stunden
Fuchsteufelsgranti und nervös.

FAUST Und wer hat mi dazua verführt?
Drobn auf der Wünschelburg mi'n Bild?

LUZE Und wer hat drauf an Gluster gspürt?
Und wem hab i sein Wunsch erfüllt?
Und wer wollt bei der oana bleibn,
Wo sich soviel umanandertreibn?
Was taatsd denn jetzat no bei ihr?
De plärrt dir jeden Tag was vür,
Und wennst net heiratst auf der Stell,
Dann laßts di nimmer über d' Schwell.
ihr Muatta erst, de setzt dir zua,
Da hast ja Tag und Nacht koa Ruah.
Dann woaßt aa, daß d' as nimmer packst,
Weil doch in ihr was hera wachst.
Die Schonzeit in dem arma Haus,
De haltatst du ganz gwiß net aus.

FAUST Du hast koa Herz und hast koa Gfühl,
i denk ganz anders, wia du redst,
i woaß aa, daß i s' heut no will.

LUZE Wennst net an Bruadern umbracht hättst,
Laß di nur sehgn – meintwegn bist frei.
Doch d' Polizei, de hat di glei.

FAUST Und ogstift hast mi du dazua,
Du hast mei Messer dirigiert.
Mi hat er greut, der arme Bua,
Wollt bremsen, daß net so arg wird.

LUZE Des werd dir erstens koana glaubn,
Und außerdem war er so frech,
Der Aff mit der Soldatenhaubn,
Er hat zerscht blank zogn, des wars Pech.

FAUST Du hast di neigmischt, des war schuld.
Mir hättn uns ausgredt mit Geduld.

LUZE Sei Schwester, sagt er, is a Schnalln.
Waar dir des recht? Du warst der Lump!
Fürs Vaterland is der net gfalln,
Sei ganze Anklag war mir z' plump.
Wer selber Dreck am Stecka hat,
Der soll net so moralisch plärrn,
Stad soll er sei, der Herr Soldat.

FAUST Er is ja stad, ganz stad, und i
Habs Unglück bracht jetzt über sie.

LUZE Na ja, drum solltst iatz nimmer redn,
A Heiliger bist no gar nia gwen.

FAUST Hab nia gsagt, daß i oana war,
Bin ganga meine eigna Weg.
Hab aa net ogfragt in da Pfarr –
Was wissens denn?

LUZE Genau an Dreck.

FAUST Des möcht i zwar erst dann behaupten,
Wenn du mir nachweist, wia alls is.
Denn aus de Büacha, de verstaubten,
Kimmt d' Überzeugung a net gwiß.
Wia is des mit dem ewigen Lebn,
Kannst du a richtige Auskunft gebn?

LUZE A Antwort sollst auf des scho kriagn,
Bloß glaubst as net – i kann ja lüagn.
Des is sogar mei Recht, mei guats,

Und wenn i dir iatz was erzähl,
Dann kannst as nehma wia an Furz,
Denn aus dem Ganzen werst net hell
Vorsorgli sag i: Stinka tuat's!

FAUST Du moanst, weil zerscht der Mensch verfault?

LUZE Des ghört ja mit zum ewigen Lebn.
Ko sei, daß oan der Maulwurf krault,
Denn Würmer hocka viel danebn.
Und was s' net fressen, löst si auf,
Na kimmst als Pflanzl wieder rauf.
A oanziger Wasn war dei Blasn.
Unds Leberbleaml – wo kimmts her?
Die Anemone? Ratst net schwer.
Vielleicht die Äpfl von dein Köpfl,
Danebn die Holzbirn von deim Hirn.

FAUST Höi höi!

LUZE A Lilie war dei Herz,
's Windröserl kimmt vom Sterz.
Da gibts koan Anfang und koa End,
Verlorn geht gar nix da herent.

FAUST So ungefähr hat's mir der Geist
Erklärt – was aber nix beweist.
Da müaßt i vegetarisch lebn;
Des kann i net, weil ja bei mir
Die gelben Ruabn scho gar net hebn.

LUZE Dann wachst vielleicht a Dachs aus dir.
A Fuchs, a Biber, was woaß i,
A Bär, den wo ma führt zum Tanz.
Und stirbst in dera Szenerie,
Na werst vielleicht a Leierschwanz,
So mit an Meter dreißge lang.
Des braucht di aber gar net kümmern,
Sunst mach i di am End no bang.

Koa Wesen ko sich zruckerinnern.
Mit der Geburt gehts Lebn net o.

FAUST Was war i nachher vorher scho?

LUZE A Mensch, solang i woaß um di.
I kunnt von dir a Liadl singa.
Als erster Agilolfinger,
Da hast sogar mi'n Papst obandelt
Und dir a Kirchprovinz eighandelt.
Vier Buabn hast ghabt: Theodebert,
An Grimoald und Hugibert,
Und oan habns hinterrucks derschlagn.
I kunnt dir no viel mehrer sagn.

FAUST Erzähl, erzähl!

LUZE Hat doch koan Wert.
Fürs Ghabte gibt dir koana was,
Und jeder beißt amal ins Gras.

FAUST No weiter zruck hast mi net kennt?

LUZE Ja – in der Stoazeit bist amal
Mit so am Ochsengweih rumgrennt.
Trotzdem hat di – des is net glogn –
A Mensch mi'n Prügel niedergschlogn,
Und aa bloß zwengs am Weiberleut.
Es war der Wendelin von heut.
Drum hat er's von dir büaßen müassen.
Und oamal kemmts ja wieder zamm,
Dann werd er ganz gwiß di derschiaßen.

FAUST Du, iatz derfst aufhörn mit dem Kram.

LUZE I hab's erzählt, du wolltst as habn.

FAUST Hättns do a Rindviech aus mir gmacht!

LUZE Naa, so weit hast as no net bracht.
Inzwischen waarst ja aa scho gschlacht.

FAUST Dann müaßt i aber nachm Sterbn
Aus Rache selber a Metzger werdn,
Und er, der Schlachter, a Ochs wia-r-i.
Du hast a saubere Phantasie.

LUZE Hast Hunger? Sag, was magst denn gern?
Vom Känguruh an Leberkas?
Denn d' Liab vergeht aa durchn Magn.

FAUST A Bier möcht i, a frische Maß!

LUZE Da bittschön, brauchst as ja bloß sagn!
(Zaubert einen schäumenden Maßkrug hervor)

FAUST Ja Blumensäle! – Gibts des aa?
Woher kimmt de so frisch vom Faß?
So ohne Abra und Kadabra? *(Trinkt)*
Des is was Guats, da werd ma munter.
De Blatteln gebn ja kaum an Schatten.
Is hoffentlich koa Gift net drunter?
Du hast mi so scho auf der Latten.

LUZE Du schatzt mi net ganz ehrli ei.
Bin i dir net in alln so gfügi?

FAUST Grad des soll bei dir gfährli sei.
Bin i vielleicht no frei und zügi?
Hast mi ja so scho in der Hand
Und brauchst mi bloß beim Gricht verratn,
Zu so was bist du leicht imstand –
Vielleicht war's gscheiter, taat nix schadn.

LUZE Du laßt di net leicht überzeugn,
Des is sogar fürn Teufel schwer.
Warum denn vor de Menschen beugn?
Wennst mir folgst, dann is koana mehr.

Heut gilt der Bizeps mehr als Hirn.
I ko di sportlich vortrainiern,
A so, daß d' überall was bist.
Schihupfa muaßt und Fuaßball spieln,
Daß Volk sogar aufs Schrein vergißt,
Und unfehlbar ins Tor neizieln,
Schnell sprinten, wia net oana lafft,
Und boxen, bis der Gegner schlaft.
Im Fechten, Rennen und im Reiten
Muaßt du alloa as Feld bestreiten,
Dann kannst die höchsten Preise kriagn.
Net mit Latein und Wurzelziahgn,
Mit Griechisch und an Dokta macha
Werst heut berühmt – du brauchst bloß gfalln,
Zum Film geh und no spinnat maln,
Dann schreibt a jede Zeitung glei,
Und du verdeanst dei Geld wia Heu.
Bist aa der größte Bauernlümmel,
Sie hebn di alle nei in Himmel.
Drum überleg net lang, sag ja,
Dann fliagn ma auf Amerika.

FAUST Du moanst, i kunnt des alls derpacka?
Ja, drucka taats mi scho a weng.

LUZE Vor dir werd alls am Bodn dort flacka,
Und dir werds Fuatteral no z' eng.

FAUST Wiaso? Wer i am End
Durchs Sporteln gar no korpulent?

LUZE I muaß doch mit der Energie
A bissel eine fahrn in di!

FAUST In d' Füaß und d' Arm, da laß i's zua.
Im Kopf drin möcht i gern mei Ruah.
Denn i versteh vom ganzen Sport
Bis heut net mehr als wia des Wort.

LUZE Du kannst nebnbei d' Natur studiern
Und über alles nachsinniern.
(Man hört Schreie der Wilden und Schwirrgeräusche. Beide sehen nach links)

FAUST I glaub, iatz derf ma uns verrolln.
Moanst du, daß de von uns was wolln?

LUZE Bis jetzt habns uns no net entdeckt.

FAUST Was soll der Speer, der in dem Baum drinsteckt?

LUZE War net für uns bestimmt, doch ziagn raus.
(Faust holt den Speer)
Den kriagns postwendend wieder zruck.
Iatz nimm di zamm und hol weit aus
Und hoch im Bogn! Der schwirrt mit Druck!

FAUST *(Hat den Speer zurückgeworfen)*
Und saust als wia-r-a Pfitschapfeil,
I moan, de denka si ihrn Teil.

LUZE De san vom Stamm der Tongaranka.
Weit drüber naus! Der erste Ruhm!
Sie werdn's dir mit drei Weiber danka,
De san für di, geh weiter, kumm!

Der Spiellader

Der Luzifer hat richti tippt,
Die Wilden habn Respekt,
Und i muaß iatz laut Manuskript
Erzähln, wo er grad steckt.

Ihr müaßts euch vorstelln: Guat a Jahr
Is seitdem scho verganga,
Sei Gastspiel war net ohne Gfahr,
Sie habn an groß empfanga.
Er hat an Medizinmann gmacht
Drei Tag, und na sans fort:
Mi'n Luze is er über Nacht
Zum kultivierten Sport.

A so a Aufsehgn hat die Welt
Bis jetzt no net erlebt.
Wenn sich a Außenseiter meld,
Der glei fünf Zentner hebt.
Rennt jedem um a Trumm voraus,
Macht alls im Ring k.o.,
Und unterm größten Schlußapplaus
Is er scho nimmer do.

Und überall, wos an Kampf austragn,
Schiabt ihn der Luze nei,
Er is ganz oafach net zum schlagn
Und ziahgt die Gelder ei.

Beim Oanserbob und Abfahrtslauf
Und von der größten Schanz
Nimmt er a jedes As in Kauf
Und aa den ersten Kranz.

In jeder Mannschaft, wo er spielt,
Saust er mi'n Ball davo
Und schiaßtn glei ins Tor so wild,
Daß koana halten ko.

Vereine reißen si um eahn
Mi'n höchsten Angebot,
Er sagt sein Nama net ums Sterbn
Die Konkurrenz siehcht rot.
Inzwischen kimmt er wieder hoam,
Da wo man net so kennt,
Denn Größenwahn hat er no koan.
Er is halt no net gwöhnt.

Von oam Lokal zum andern
Verführt ern durch die Nacht,
In Frankreich und in Flandern
Hat er sei Geld durchbracht.

Im Zirkus tuat er ringa
Als Mister Unbekannt
Und is trotz Becherschwinga
Schmalzmaßi guat beinand.

Die Junga reißen sich um eahn,
Net bloß ums Autogramm:
A Mo mit so viel Kraft und Kern
Gibt halt aan gsundn Stamm.

Grad locka teans 'n überall,
Auf eahn is jede scharf,
Er tuat, als war er net normal,
Als hätt er koan Bedarf.

Dem Luzi paßt's natürli net,
Er macht eahm viel Verdruß,
Und wo er jetzt mit eahm higeht
Gibts bald aan saubern Schluß.

Er treibtn o. Na, wolln ma schaugn.
Da werd's a Gaudi gebn.
Er nimmt eahm Gretl aus de Augn
Und zoagt eahms süße Lebn.

Im Nachtlokal

oder

Wia der Luze den Faust ins Luadaleben treibt

(Gedeckter Garten mit angedeutetem Schwimmbecken, Faschingsdekoration, Bar. Seitlich Liebeslauben mit Polsterbänken. Im Hintergrund Lokaleingang mit wechselnden Signallichtern, rot-gelb-grün, und Leuchtschild »Zur Sündigen Verkehrsampel«. Aus dem Lokal dringt heiße Musik, verschiedene Masken in übermütiger Stimmung kommen in den Garten oder hüpfen ins Lokal. Ein Maharadscha verschwindet mit Haremsdame in einer Liebeslaube. Vor der Laube leuchtet sofort rotes Licht auf. Aus der Laube nebenan kommt ein Torero mit einer Carmen, das Licht wechselt davor von Rot über Gelb auf Grün.)

COWBOY *(Mit Indianerin an der Bar)*
Aan Whisky ohne oder pur.

BARMIXER Aan doppelten?

COWBOY Ja, nur!
Und Wally, was magst du?

INDIANERIN Aan Cocktail Marke »Grand Filou«.

COWBOY Ja freili, i bin ja doch koa Prasser.
Für mei Squaw Wally a hupferts Wasser!
Koan Sekt, a Kracherl, dann bleibts frisch.

TORERO *(ruft ins Lokal)*
Aan Spanischen!
Mei Carmen tanzt jetzt aufn Tisch.
(Spanischer Tanz, alles klatscht im Takt)

Caramba! Samba, solche Stampfa,
De tretn die besten Vorsätz zamm.

CHINESE *(Zur leichtgeschürzten Bedienung)*
Des Gsüff schmeckt wia-r-a Sauerampfer,
Geh schau, obs net was Bessers habn.
Was mag ma eigentli als Chines?

BEDIENUNG An Reiswein glaub i, wenn's oan gibt.
Und gfaulte Oar.

CHINESE Mach mi net bös.
A Zwetschgenschnapserl werd iatz kippt,
Und des bringst mir ins Separee
Da nüber – hast mi? – tummel de!
(Verschwindet in der Laube, vor der es gelb aufleuchtet)

LUZE *(Als Teufel verkleidet, kommt mit Faust)*
Verlangst no nach am Besenstiel
Und möchst vielleicht zum Blocksberg reiten?

FAUST I hab ja scho im Sport und Spiel
Die allerbesten Zeiten.
Von dem Erfolg, da zehr i,
Grad zünfti war's und bäri.

LUZE Na endli bildst dir drauf was ei,
Es ko koa Mensch mehr besser sei.

FAUST Schö bin i gsaust und über d' Hürden
Bin gsprunga und hab Rennats gfahrn.

LUZE Du kannst as alle überbiaten,
D' Rekordler san doch lauter Narrn.

FAUST Und bloß durch di war i so schneidi,
Bin überall der erste wordn.

LUZE »Wer is denn bloß der Hund, der gfeite,
Der uns den ganzen Ruhm verdorbn?«
A so habns loszogn und habn gwettert.
»Bis heut woaß neamad, wer er is,
Der schwimmt und hupft ja glei wia gfedert.«
»Vor dem habn alle Boxer Schiß.«
Und iatz werd jeder von de größten
Dei neue Bestzeit nachtrainiern,
Und so werdn nachanand die Besten
An ihrem Ehrgeiz dro krepiern.

FAUST Du bist a Hund, a ganz verreckter,
Deswegn hast mi ins Rennen gschickt?

LUZE Hast eahna ja bloß als Verdeckter
A Lehr gebn und am Zeugl gflickt.
I wollt bloß die Rekordsucht strafa,
Es war ja drübn in Übersee.
De solln sich zu an Krüppel lafa,
Des tuat doch dir herübn net weh.
Dein Nama hab i scho net gsagt,
Ma red bloß von dem Unbekannten
Und Außenseiter, der alls schlagt.
So kimmt der Sportkampf durchanand,
Und des muaß mi als Teufel freun.
I hab des alles vorgeplant,
Und di braucht des scho gar net reun.
Du hast den Ruhm ghabt, bist der feiner,
Aa ohne Herkunft, ohne Land.
Mi haltens höchstens für an Trainer,
Und des is schließli aa koa Schand.

FAUST Drum hab i mi aa net maskiert,
Denn was i bin, des bin i.

LUZE Bloß wird des da net estimiert.
Sie, Fräulein, mi'n Bikini!
Ganz entre nous: Wer is der Herr?

BEDIENUNG Wer? Der?
Geht Maschkera als Tiroler!

LUZE Na, hast as ghört? An Nikolaschka her,
Auf den werd dir glei wohler.

BEDIENUNG Bei Eahna hab i gar koan Zweifel –
Sie san a Teufel!
(Bringt den Schnaps in die Laube. Licht rot)

FAUST Schau, di hats kennt und mi net ganz.

LUZE Da nimm den gelben Domino,
Des paßt zum Firlefanz,
Und des Visier, des tragt ma so.
Heut gibts an Hexentanz!

FAUST Iatz kannst as nomal fragn, de Kloa
Wo is denn hi? – Is sie alloa?

LUZE *(geht zur Laube)*
Hallo, Bedienung, für uns zwoa
An Nikolaschka habn ma bstellt,
Der Wingwangwu möcht ihr a Huastenzeltl einetoa.
(Holt beide heraus)

CHINESE San Sie der Hausherr für des Zelt?

FAUST Der hat di bloß als Teufel prellt,
Laß liaba dahoam dein Dracha steign.

LUZE Hau ab durchs Reich der Mitte!
Und dir werdn ma was Schöners zeign,
Fräuln, Nikolaschka, dreimal bitte!
(Verschwinden in der Laube, Signal gelb)

CHINESE Was san denn des für freche Kunden?

BEDIENUNG I woaß net, i habs recht nett gfunden.
(Geht ins Lokal)

COWBOY	I liaßt ma so was halt net gfalln. San de net von da hint reikemma?
TORERO	Vielleicht wollns gar koan Eintritt zahln.
CARMEN	Mir kimmt's grad vor, i müaßtn kenna.
TORERO	Den welchen? Nachher bring i'n um!
BEDIENUNG	*(Mit Tablett und drei Gläsern Nikolaschka)* Als Oberlandler war er schöner! Na ja, ich will ja alles tun. I brings scho raus beim Unterhalten. *(Verschwindet in der Laube, und das Signal wechselt auf Rot)*
CHINESE	Für mi san des zwoa damische Ritter, Denn so was macht ma net zu dritter. Es waar für mi alloa scho bitter.
TORERO	Iatz sag – wo hastn kennaglernt?
CARMEN	Warum so eifersüchtig? Mei, o mei, I kenn an, aber ganz entfernt, Des werd doch wohl koa Unglück sei.
INDIANERIN	Mir is er aa net unbekannt.
CARMEN	Der große Unbekannte is, Der wo im Zirkus ringt.
INDIANERIN	Und der von jedem Land Die allerhöchsten Preis hoambringt?
COWBOY	Geh, spinn doch net und wer net läufi, Und außerdem gibt's da no Zweifi, Zum ersten, ob er's wirkli is, Und zwoatens woaß ma gar net gwiß, Ob des alls stimmt, was d' Zeitung schreibt, Ob der net Hokuspokus treibt.

CARMEN Seids stad, da kimmt ja grad der oa
Und laßt den andern drin alloa.

LUZE *(Kommt aus der Laube und geht zur Laube nebenan)*
Wie geht's denn unserm alten Knaben?
Ich wünsche wohl gespeist zu haben!

MAHARADSCHA *(Steckt den Kopf heraus)*
The devil! Rascal! Who is who?

LUZE Come on, old boy! Retirez-vous!

MAHARADSCHA Seit wann is denn bei dem Gelichter
Der Teufel selber Sittenrichter?

LUZE Du sprichst sehr hochdeutsch, lieber Freund,
Net aus der Gegend, wia ma scheint?
Des is für mi erst recht a Grund.
Geh raus, die andre is net gsund.

MAHARADSCHA Sie san a ganz a gscherter Ramme,
Des Weibats is mei Haremsdame!

LUZE De laß nur drin und tua di schwirrn,
Sie hat koa Unschuld zum verliern.
(Holt die Bedienung heraus und schiebt Faust in die Laube)

TORERO Du sag amal, wer bist denn du?
Hast du a Hausrecht in der Bude?

COWBOY Was will denn eigentlich der Wu Wu?
Moanst du, mir san vo Buxtehude?
Du Knalldepp du, du übergschnappter,
Du Haremswächter, du verkappter!

LUZE Reg di net auf, mei Bruderherz,
Verstehts denn ihr koan Faschingsscherz?

Net i – der drin is impotent.
(Allgemeines Gelächter)

MAHARADSCHA *(Ruft in die Laube)* Mein Kompliment!
I wünsch dem Herrn viel Temperament!

FAUST *(mit dem Kopf aus der Laube)*
Was is da los?

COWBOY Ja, nix bei dir!

FAUST *(zu Luze)* Brauchst du mei Hilf?

TORERO Naa, du brauchst oane – sunst woant die Kloane.
(Allgemeines Gelächter)

COWBOY Wia geht's denn in der Liebeslaube?

CHINESE Wia hockt der Tauberer auf der Taube?

FAUST *(tritt aus der Laube)*
Hast du den Schwindelsport verrotn?

LUZE Woher denn, schmeiß doch hi an Bodn!

TORERO Ko wer von euch des Stierl reizen?

MAHARADSCHA Er hat vergessen, vorzuheizen,
Da fehlts schon an der Ouvertüre.

CHINESE Vielleicht hat er a Wanderniere.

TORERO Für mi hat er aan Leistenbruch.

COWBOY Er is halt nimmer recht am Damm.

MAHARADSCHA So Bruch, daß er nix leisten kann.

FAUST Iatz langt's mir aber!

(Schlägt den Maharadscha mit einem Kinnhaken zu Boden, dann zieht er den Domino aus und nimmt das Visier ab)
Ös blöde Lackeln,
Mit euch wer i jetzt Fingerhakeln!

CARMEN und INDIANERIN Des is er! Ja, des is sei Gsicht!

FAUST *(Stellt sich an den Tisch)*
Her nach der Reih!

CHINESE Naa – i verzicht!
(Will durchs Lokal)

FAUST Halt, Bürscherl, nur net laffa!
Denn wer net fingerhakelt, der muaß schlaffa.
(Streckt auch den Chinesen mit einem Boxhieb nieder)
Kimm her, Torero! Bist no frisch!
Di ziahg i rüber übern Tisch.
Da flackt er scho, der Matador,
Iatz kimmt der Rindviechhirtenknabe,
Mit dem ich auch was z' reden habe.
Nur her, sunst schlafst bei dene zwoa,
Dein Finger her –
(Zieht ihn über den Tisch)
Na, wer is Moa?

MASKEN *(hauptsächlich weibliche, kommen aus dem Lokal)*

KATZE *(Schmiegt sich an Faust)*
Miau miau!

FAUST *(Hebt sie hoch)* Di au, Di au!
I glaub die Katzerln schwimma gern.
(Wirft sie ins Schwimmbecken. Gelächter)

JUNGE HEXE *(mit Besen)*
Komm, reit mit mir zum nächsten Stern.

MAUS Und wenn die Katz is ausn Haus,
Dann gehst mit mir a bissel aus?

FAUST Ja, wenn i nur a jede möcht.
A taufte Maus, de war net schlecht!
(Wirft sie gleichfalls ins Becken)

LUZE Die junge Hex nimm i dir ab.
Da, schwimm nach mit schwipp und schwapp.

BEDIENUNG *(Mit einem Glas Nikolaschka)*
Auf oan Fuaß kann ma net lang steh.
Mit dir möcht i zum Baden geh.

FAUST Weg mit dem Glump! Iatz wolln ma tanzen,
Rührts euch, ös rote Ampelwanzen!
Musi spiel, was außer geht,
Gschami san ma alle net.
(Heiße Musik, alle Paare tanzen)

FAUST *(Holt die Haremsdame, rüttelt den Maharadscha wach und übergibt sie ihm, den Chinesen führt er zur Bedienung)*

LUZE *(Fischt sich die Hexe aus dem Wasser und tanzt mit ihr; Katze und Maus tanzen ebenfalls zusammen. Der Mixer schüttelt zum Rock'n'Roll den Mixbecher)*

FAUST *(Springt auf den Tisch und gibt immer wilder den Takt, bis alles erschöpft um ihn am Boden liegt)*

Aus mit der Musi, gebts a Ruah!
Die ganze Gaudi gfallt ma nimmer.
(Zum Luze)

Von dir kriag i jetzt langsam gnua.
I bin no net der allerdümmer.
A Schand is alls, was mit dir gschiehcht,
Da is doch nia-r-a Segn dabei.
Du hast no nia was Gscheits ogricht.
Alloa scho mit der Sauferei
Treibst du an Alkohol ins Bluat,
Daß koana woaß mehr, was er tuat.

LUZE Woher hast du den Übermuat?
Wia redst denn du? Ja, du bist guat!
Tuat net der Mensch des, was er will?

FAUST Des wos d'eahm eispeibst, möchst wohl sagn?
Und da is wenigste scho z'viel.
Du magst koan Oanser im Betragn?
Wer hat uns alle animiert?
Daß sich von dene ungeniert
A jede selber glei serviert?
Du redst dem bravsten Deandl zua
Und machst as nach und nach zur Hur.
Und ihr seids doch die größten Deppn
Und laßt's euch von de Luada neppn?
Der Wirt dazu von dera Boazn
Muaß quasi für euch d' Höll vorhoazn.
Horchts net auf den, der bringt koa Glück!

LUZE How lovely! – C'est ça magnifique!
Wia soll i mi verteidigen?
Mi ko koa Mensch beleidigen.
Der Aff benimmt sich ziemlich gschert.
So is, wenn oana narrisch werd.
Im Fasching is ja des koa Wunder,
Er is halt krank und spinnt mitunter.

FAUST Des hat mi'n Fasching gar nix z'toa,
Es is alls richti, was i moa,
Di hab i ganz genau studiert.

LUZE Er is gar net der starke Mo.

FAUST Du hast mi net umsunst trainiert.

LUZE Laßts euch nix gfalln und packtsn o!

FAUST Probierts es nur, mi machts net schwach,
Denn ihr seids bsuffa, i bin wach.
Charakterlich habts euch maskiert
Und andre Völker bloß blamiert.
In Wirklichkeit seids falsch und schlecht,
Bloß der, der Teufel, der is echt!
(Alles erstarrt. Vorhang)

Der Spiellader

A lustige Gsellschaft bei der Nacht
Hat koana, der gern lebt, veracht.
Abwechslungsweis halt's i für richti,
Denn bloß dahoam bleibn, des macht gichti.
Und wers Vergnügn gern außer Haus suacht,
Soll schaun, daß ihn sei Weib net nausfluacht.
Ladst aber Gsellschaft selber ei,
Ko schnell a Gast verkuppelt sei,
Was gegen Gsetz und Ordnung is
Als öffentliches Ärgernis.

Dagegn gilt so a »Sündige Ampel«
Erst recht als öffentliches Haus,
Behördlich gschützt für jeden Trampel
Und trotzdem machts dort gar nix aus,
Weil ja der Staat die Steuern ziahgt
De der Privatmensch nunterbiagt.

Na, is wia's will – der Faust hat gnua,
Er möcht sei königlich boarische Ruah
Und is koa Muster ohne Wert,
Will's net mondän, ja, liaba gschert,
Krachledern echt – gradaus, grado,
So, daß er jedem nausgebn ko.
Die Kraft dazua, den ernsten Sinn
Holt er sich no im Freithof drin.

AM FREITHOF
oder
WIA DER FAUST SEI SEEL DEM LUZE ABSCHREIBT

(Mitternacht. Mondschein. Kleine und große Grabdenkmäler und Holzkreuze.)

FAUST *(Kommt rückwärtsgehend in die Szene)*
Iatz hat er's, glaub i, übersehgn,
Und schnüffeln kann er net ums Eck.
Grennt bin i ja bloß seinetwegn,
Sunst bring i 'n nimmer los und weg,
Den Bluatshallodri, den durchgwichsten.
Den hab i scho am allerdicksten.
Mit dem derf i iatz nix mehr hobn,
Da gang's ja direkt nei in Grobn.
Halt aus! – Wo bin i denn? Des scheint
Mir gar die letzte Station.
A Freithof, wo gwiß koana greint
Um mi – so an gfahrlichen Sohn.
Daß i mi gar da einer trau?
Der Luzifer taats net,
Der scheucht a jede Leichenschau,
Erst recht as Sterbgebet.
Und i? Hab i mi um a Grab scho kümmert?
Mein Vatern seins is lang verfalln,
Ma hat für eahm koan Sarg net zimmert,
Hat neamad eahm a Kreuzl gmaln.
Und d' Muatta – wo hat sie a Ruah?
I habs kaum kennt, so fruah is gstorbn.
O Faust, du warst a schlechter Bua,
Du hast koan Anstand und koa Form.
Die Kinder ehrn ihr Elterngrab.
I war zwar nomal jung,
Doch hätt i iatz a Blumengab –
Wohi damit? Da redt koa Zung.
Wenn gar der arme Wendelin

– Es is der Friedhof von dem Ort –
Liegt aa da irgendwo herin,
Dann war's von mir a glatter Mord.
Mit Notwehr kann i mi net trösten,
Er hat sei Schwester rächen wolln.
I glaub, es waar scho bal am besten,
Net i – er hätt mi treffa solln.
Dann hätt wohl Gretl net so trauert
Wia jetzt, wo i so lang davo.
De hätt – weil's ja doch ewig dauert –
Inzwischen gwiß an bessern Mo.
Wia solls aa für aan Bruadamörder
Heut no a Liab im Herzen hobn.
Sie werd sich denka: So a gscherter,
Gemeiner Mensch is net zum lobn.
I schau auf alle frischen Hügel
Und find 'n net – er is net do.
Wenn oana doch mit Geisterflügel
Mir Auskunft gebn kunnt – wann und wo?

ERSTE STIMME
I kenns ja alle nach der Reih
- Soldatn sterbn meistens an der Front –
Der Wendelin is net dabei
Den hat as Schicksal no verschont.

FAUST
Is net dabei? Sagt des mei innere Stimm?

ERSTE STIMME
I woaß, weil i sei Vater bin.
I lieg no ganz alloa herunt,
Zum Sterbn hat er aa no koan Grund.
Um Gretl hab i mehra Sorgn.

FAUST
Des is von ihr der Vater gwesen?
Koa Angst – i siehg s' vielleicht scho morgn!
Ja, kann i denn Gedanken lesen?
Hör i scho alls mit Überschall?
Des war's ja, was i wissen möcht –
Wo kimmt er her, der hohe Hall?
(Liest)

Grab der Familie Engelbrecht,
Hier ruhet unser bester Vater
Hieronymus. – Tuats Euch net ab,
I schick Euch bald an Hochzeitslader,
Der legt an Zettel hin aufs Grab.

ERSTE STIMME Bin scho zur rechten Zeit im Haus.
Sie schaut ja allwei nach dir aus!

FAUST Ja, könnts Ihr wirkli nachn Sterbn
Des alles heut no innewerdn?
Und habts Ihr gar vorher scho gspannt,
Was mir so gmacht habn mitanand?

ERSTE STIMME Für uns verdeckt aa nix die Nacht.
Ja, ja, es is halt glei was gmacht.
Daß di der andere bringt zum Wanken,
Des war mir scho vom Anfang klar.
I hab di kennt in de Gedanken,
Und weil i jung net besser war,
Derf i net schimpfa, wia-r-i sollt.

FAUST Verzeih ma's, Vater, es war schlecht –
Der Luze hat mi no net gholt.

ERSTE STIMME I glaub, du machst as wieder recht.
Gell du – hilf mir zu meiner Ruah!

FAUST Sollst sehgn, daß i des Rechte tua!
Wenn Leib und Seel san ausanand,
Dann muaßt ja moana, daß der Geist
So ab und zua den Ruhestand
Aus Neugier scho alloa umkreist.
Ob aa der liabe Nächste no,
Dem wo er alls vermoant,
Sein Nachlaß hat vergessen scho,
Ob er wohl heut no woant?
Kunnt aber sei, daß scho sei Seel
A anders Lebn ofangt.

Wo anders neifahrn kann ma schnell,
Wenn's wo a Kind verlangt.
Mir hat er's gsagt, der Urinstinkt,
I fang vo kloa auf nomal o,
Daß nachm Sarg die Wiagn scho winkt.
A bissel ausgschmiert hab i 'n scho,
Denn de Verjüngung bhalt i bei.
Aa wenn i's eahm net dank,
Dem Großverzauberer Wupufei –
I halt mi rank und schlank.
Für d' Arbat, net fürn Sport der Welt,
Wo koana obn als Erster bleibt
Und nachanand sei Ziel verfehlt.
Denn wer dro stirbt, der übertreibt.
An Hunderter kannst net trainiern
Mi'n Preis holn und mi'n Übertrumpfa,
Amal muaß jeder mit sein Hirn
Im Erdbodn drin versumpfa.
Da werdns uns alle eine lodn,
's Grundwasser wart scho drauf.

ZWEITE STIMME Und des is net amal a Schodn,
Drunt geht as Lebn zruck und geht auf.
Es kimmt ja alls vom großen Meer,
Was aufn Trocknen lebt.

FAUST 's Fruchtwasser schwoabt uns aa daher,
Wenn's d' Muatta nimmer hebt.

DRITTE STIMME Wia lang dei Lebn scho vorher war,
Des woaßt natürli net.
Im Jenseits werd dem alles klar,
Der um d' Erkenntnis bet.

FAUST Was warst denn du amal für oana?
Da steht: Franz Schwärzlein, Benefiziat.
Da müaßt ma scho beim Lesen moana,
Du hättst die seligmachende Gnad.

ZWEITE STIMME Er war a Mensch genau wia mir,
Und hat zum Himmel grad so weit.
Er wart no vor der gleichen Tür,
Gelobt, bloß net gebenedeit.

VIERTE STIMME Wenn jeder wüßt, wias zamma kemma,
Bevors zur ewigen Ruah verblassen.
Tatns alle lebn und leben lassen
Und koana dem andern 's Sach wegnehma.

FÜNFTE STIMME 's Sterbn selber is zwar oft a Gfrett,
Doch hinterher is alls so schö,
Und wenn i nomal Glegnheit hätt,
Dann tat i no viel leichter geh.

FAUST Du moanst, du tatst as mehr versteh?

DRITTE STIMME Der Mensch, der liaßat si scho wenden,
Wenn's anders sei kunnt um ihn her.
Da sollt ihn aber nix mehr blenden,
Koa Titel, Orden, Ruhm und Ehr.

VIERTE STIMME Scho weil er's nachm Tod verliert,
Fragt neamd danach und is net wichti,
Und wer sei Lebn mit Ehrgeiz führt,
Der gilt herent als gar net tüchti.

FÜNFTE STIMME I hab politisch d' Leut verführt,
Drum is mir net guat ganga.

SECHSTE STIMME I hab mein guaten Mo sekkiert
Und war a böse Zanga.
Der Haß und d' Liab de san net ewi,
Vergeh tuat alls, oft no im Lebn,
Und hintnach sagt ma: mei, wia schäbi
War doch des ganze falsche Strebn.
Der Streit is gar, wenn auskeift is,
Dann werd aa nimmer gmault,
Mir san wias Obst: Wenn's ausgreift is,
Werd's gessen – oder fault.

FAUST Ihr machts ma fei die Stund recht schwer,
Möcht koana mehr von euch da her?

ZWEITE STIMME Ja net um alles in der Welt,
I hab dafür gnua Kinder gstellt.
De müassen allerhand derleidn,
In dera Zeit is neamd zum neidn.

FÜNFTE STIMME Hätt manches no zum reguliern
Und tat's scho nomal gern probiern.

VIERTE STIMME Ja, liaba heut als morgn, sag i,
Des ghört zum Lebenslauf im Kreis:
Glei wieder kemma, des mag i,
I freu mi wieder auf a neus.

ERSTE STIMME Die meisten sagn, de um mi schwebn:
Im eigna Kind kannst weiter lebn!
Des andere is a Lotto-Gspiel,
Es triffts net jeder, wia-r-er's will.
Was irdisch is, werd leicht zum Viech
Die Seel dagegn – so wia-r-i 's siehch –
Bleibt mit der Menschheit eng beinand.

FAUST Es is mir aa koa Fall bekannt,
Daß oana traamt, er war a Hund,
A Gans, a Bär, a Dromedar.
Der Viechgeist hat mi ohne Grund
Bloß gschreckt, des werd mir klar.
Mei Gretl, wart, mir werdn a Paar!

ERSTE STIMME I wünsch dir gern mit ihr viel Freud,
Sylvester Faust – nutz guat die Zeit!
Dann fürchst aa net den letzten Schritt.
Denn da triffst alle deine Sünden,
Die Vorfahrn bis ins letzte Glied –
Du kannst die beste Gsellschaft finden.

FAUST Auf alle bin i gar net scharf,
Hab an Verwandte koan Bedarf –
Und dann: Kimmt net so mancher wieder?

ERSTE STIMME Die Seeln, de schwebn doch auf und nieder;
Was is des bissel Erdenzeit
Scho im Vergleich zur Ewigkeit.

FAUST Viel hab i gwußt – iatz woaß i mehra
Als wia der gscheitste Hochschullehrer.
Derf's wohl aan Pfarrer net erzähln,
Daß i mi mit de arma Seeln
Hab unterhalten – Gott erbarm!

ERSTE STIMME In Wirklichkeit sans net so arm.
Die guaten braucht koa Mensch bedauern;
Des sagst amal zu dene Bauern,
Daß eahna no der Ruach vergeht,
Weil drübn im Grundbuach nix mehr steht.
Da gibts aa koa Genossenschaft,
Koa Gwerkschaftshaus und koa Kartell.
Bloß 's Gwissen bleibt, des an dir haft:
Wenn's schlecht is, werds zur Höll.

FAUST I glaub, iatz lern i wieder betn,
Ma muaß bloß mit de Toten redn.

Der Spiellader

Jetzt muaß der Dichter guat aufpassen,
Denn bald geht jetzt des Stück aufs End,
Er will's ja schließli aufhörn lassen
Und net dro schreibn a ganz Jahrzehnt.
Fürn zwoaten Teil möcht er verzichten –
Der Johann Wolfgang ko's versteh.
An guaten Schluß will er no dichten –
Er moant, es soll guat auße geh.
Wenn mir die Handlung spieln und lesen
Und macha Buach und Vorhang zua,
Dann soll ma sagn: Guat is so gwesen!
Iatz hat die arme Seel a Ruah!
Net als a Gstorbne, naa, lebendi.
's Lebendige will doch net sterbn,
Aa wenn ma denka muaß dro ständi
Mit Angst, de aa die Kinder erbn.
Mir wolln doch lebn und leben lassen,
Und des kann bloß im Frieden gschehgn.
»Mit Guatheit ananander passen!«
An dem is schließli alles glegn.
Drum muaß ma Bosheit überwinden
Und den, der den Artikel führt,
Die Tür zuamacha vorn und hinten,
Damit er oan net irritiert.
Bist eahm amal ins Netz neiganga
Und nimmer stark gnua, dann beißts aus.
An Faust, den hat er aa eigfanga,
Er wehrt sich aber und reißt aus.
Im rechten Augenblick verschwinden,
Des is in dem Fall ehrenvoll.
Er will und muaß sei Gretl finden,
Sunst is eahm in der Haut net wohl.

Vorm Haus von der Gretl

oder

Wia der Faust kimmt zur Gretl und zum Fäustling ins Haus

(Katharina, Gretls Mutter, sitzt auf der Hausbank, mit Häkelarbeit beschäftigt)

WENDELIN *(Mit Soldatenhose, Schurz und hemdärmelig, tritt aus der Haustüre)*
Zwoa Ster hab i heut gsägt und ghackt,
I bring nix mehr in d' Holzleg nei.

KATHARINA Obwohl der Dokta zu dir gsagt,
Du sollst no net so rührig sei,
Denn dei Verwundung war zu schwer.

WENDELIN Da spür i doch scho lang nix mehr;
Was mi betrifft, is längst vergessen.

KATHARINA Iatz mach nur Feierabnd, hör auf!

WENDELIN I hätt mi gern zu dir hergsessen,
Bei dir is no der Tag im Lauf.
Denn d' Muatta häkelt halt scho wieder –
Für wen, da braucht ma ja net fragn.
Sie kimmt doch wohl net nomal nieder?

KATHARINA Geh Wendelin, des sollst net sagn,
Sie hat an dem scho gnua zu tragn.

WENDELIN *(Setzt sich neben Katharina auf die Bank und holt ein Stück Holz und ein Messer aus dem Latz)*
I ko net bös sei auf mei Schwester,
Solang i klar und nüachtern siehch.
I magn aa, den kloan Sylvester.

KATHARINA Was schnitzelst denn da eigentlich?
Aa was für eahn? Bist wia der Vata –
Gott habn selig – heut vertrittst sei Stell.

WENDELIN I denk grad an des Kasperltheater
Beim Militär. Auf alle Fäll
War des a guate Glegenheit
Für mi – sie habn mi gern entlassen.
Mir taat de Frozzlerei net passen.
»Der Zierde aller Weiblichkeit,
Ein Prosit der Enthaltsamkeit!«
Kannst denka, daß er mir da raucht,
Und dann hat mi die Gretl braucht.

KATHARINA Uns alle wohl zu dera Zeit,
Sie wollt sich do glei 's Leben nehma.

WENDELIN Mit mir wollts sterbn. Heut tuat's ma leid,
Daß i ihr so arg zuagsetzt hab.

KATHARINA Waars net zu dera Schwertlein kemma.
De hätts no eine bracht ins Grab.

WENDELIN De gwissenlose alte Hummel.

KATHARINA Führ net dein Mund so bös spaziern.

WENDELIN I habs halt dick, de kalte Trummel.
Zerscht wars dabei beim Mitverführn,
Dann hätts ihr 's Kind no abtreibn wolln,
Des is a ganz a grissens Wei.
Den Schmuck hätts ihr ja aa gern gstohln.
I aber war dann scho so frei
Und habn wieder gholt von ihr.

KATHARINA Und was hast to damit? Versetzt?

WENDELIN Hab alles, was i kriagt dafür,
Für Gretl aufgwendt – z' guater Letzt

Für d' Hebamm, Kindswasch und für Tauf,
I war ja schließli aa der Göd.
Du woaßt ja selber, geht viel auf.
Und Alimenten zahlt er net.

KATHARINA 's Gemeinste, was oam wohl a Mo
In so a Zeit no otoa ko,
A Deandl rumkriagn und dann furt
Und warten lassen auf Geburt.

WENDELIN Und drüber naus koa Briaf, koa Post.
Schuld war nach meim Gfühl bloß sei Spezi,
Der sell hat eahm sei Seel verrost,
Der hatn aufghetzt, der versteht si
Auf de Methoden bsonders guat.
I find, daß der eahm gleichsehgn tuat.

KATHARINA Was schnitzelst denn da für aan Kopf?
Der schaugt ja wia-r-a Teufel aus.

WENDELIN Ja, ja, des is er scho, der Tropf,
Für mi is des da Mister Graus,
Den kriagt der Sylvest dann zum Spieln,
Der haut den Kerl bald kaputt.
Muaß net die Gretl an Kloan no stilln?
I siehch so gern die süaße Schnut,
Wenn's zuzelt –

KATHARINA Wo's zuzelt, is für di
Net wichti – aa als Bruada net.
Spazierngfahrn is, schier sorg i mi.
Geh, schau amal, es is scho spät
I richt derweil as Nachtmahl her.
O mei, es is doch manchmal schwer,
Großmuatta sei und net verschwiegert. *(Ab)*

WENDELIN *(nachrufend)*
So offen rumfahrn sollts 'n net,
Obwohl – mir san scho drin im Gred.

Waar net der Kloa so nett und miegert,
I kunnts net toa, i liaßts alloa.
(Hat seine Schürze ab gebunden und geht suchend ab nach rechts)

GRETL *(Jung und fraulich, kommt mit dem Kinderwagerl von links zur Hausbank, setzt sich und spricht in den Wagen hinein)*
O du liabs, du süaß, du goldigs Kindl!
Machst scho wieder Stinke in die Windel?
Und da lachst du no dazua!
Du liaba, kloana, frecher, böser Bua!
Ja du dudududu – Ralle Rille Rolle Buale Ruah!
(Wechselt die Windel)
Eija, du lachst, als ob nix gwesen wär,
An so was tragt ja bloß a Muatta schwer.
I hab recht gwoant um di so manche Nacht,
Und dann hab i di trotzdem bracht.
Dei Vati war ja ganz a saubrer Herr.

Möcht so gern fürs ganze Lebn
Dir und mir den Vati gebn.
Jeden Tag wart i auf d' Wiederkehr.
Suacht sich wohl a reiche Mamma,
Und i soll alloa mi schama.
Woaßt du, was d' Leut in de Lädn
Über dei schlechts Muatterl redn?
Daß i aa so oane, so a ganz a Leichte bin
Und di, mei Sünd, im Wagl drin
Zur Schau stelln mag – es is scho schwer.
I gib di aber nimmer her!
Mir hätten wohl sein Schutz so nöti,
Denn mir zwoa san leider ledi.
Muaß mi doch recht sorgn und kümmern.
Mit der Zeit werst fragert werdn,
Und i derf di net erinnern.
Wirst mi nach dein Vatern fragn,
Und i kann koan Nama sagn.
Bist erwachsen dann und größer,

Dann verstehst as no viel besser,
Und dann hast koa Achtung mehr vor mir,
Und du werst dei arme Muatta
Oschaugn für a sündigs Luada.
Wer i nomal woana müassen wega dir.
Und da lachst du no dazua,
Ja, du liaba, kloana, süaßer, frecher Bua!
(Bewegt den Wagen hin und her)
Rille Ralle Rolle Buale Ruah!

SCHMIEDIN Ja, schama tuat si de scho nimmer,
Glei auf Gaß stellts es no raus.

SEILERIN Ja, heutzutag gibt's Frauenzimmer,
Wenn ma denkt, es is scho aus.

PFARRER *(Geht aufs Haus der Gretl zu)*

SCHMIEDIN und SEILERIN Grüaß Gott, Hochwürden!
Gelobt sei Jesus Christus!

PFARRER In Ewigkeit Amen!
Wollts net der Gretl aan Gruaß entbiaten?

SCHMIEDIN Ach ja, Fräuln Gretl, wia geht's denn Eahnan Kind?

SEILERIN Geh weiter, gehn ma, mach iatz gschwind!
Was solln ma denn mit dera schwatzen?
(Zieht die Schmiedin weg und ab)

PFARRER Teats euch fei ja net z' hoch eischatzen,
Vergeßts net euer Nachtgebet mitsammen:
Der Herr erlöse uns von allem Übel, Amen.

GRETL Hochwürden, Ihr kemmts gar zu mir?
I steh doch überall im Gred.

PFARRER I ko doch schließli nix dafür.
Fürn Vater haltens mi wohl net.

De zwoa tan ja scho bös gnua denka,
Zum Glück gibts no an Himmelvater,
Der werd no alles richti lenka.
Er hat dir scho als ganz Privater
Verziehn – i hab di absolviert.
A Böser ko koa Gnad vergebn.
Es werd halt zu viel renommiert.
Schö dasteh möcht a jeds im Lebn.
Verzweifel net.

GRETL I hab mi gfaßt,
Mei Muatta hat mir helfen tragn
Nach liaba Lust de schwere Last.
Für mi muaß sich mei Bruada plagn,
Der meinetwegn sich bald an Tod
Hätt gholt – mei, wenn er's gwußt hätt, waar er gwiß
Net auf und furt mit dem Fallott.

PFARRER Er werd's erfahrn, wia alles is.
Der schlechte Umgang is oft schuld,
Und wenn er den abschütteln ko,
Na kimmt er wieder – hab Geduld.
I woaß a bissel was von eahm.

GRETL Hochwürden, wirkli? Bittschö, redn S'!

PFARRER Neugieri sans halt gar zu gern.
Entweder ratschens oder betns.
Di moan i net – mach nur koan Kopf!
Er kriacht zum Kreuz, der arme Tropf.
Im Freithof drin vorgestern Nacht.

GRETL Um Gotteswilln! Is er denn gstorbn?

PFARRER Na, na, bloß bei de Toten gwacht.
Hat scheint's oan gsuacht, den er verdorbn,
An Wendelin wahrscheinli, wo er liegt.
Durch alle Gräber is er durch,
Um jedes Kreuz, in jede Furch.

I les gern dort mei Nachtbrevier,
Versteck mi, daß er mi net siehgt.

GRETL Und – habts 'n ogredt – is er's gwen?

PFARRER Mir war's, als tat er mit de Toten redn,
Verstanden hab i ja net alls.

GRETL Is net am End sei Geist verwirrt?

PFARRER Im Gegenteil, i habn jedenfalls
Beobacht – er war als wia kuriert.
Und oamal hat er gsagt: Iatz siehch i klar.

GRETL Und Ihr moant's ganz gwiß, daß er's war?

PFARRER Er hat was von a Gretl gflüstert.

GRETL Hochwürden sagts, wo is er jetzt?

PFARRER Bei dir wahrscheinli z' guater Letzt
Dann siehgst, sei Geist is net umdüstert.
Deim Sylvest gleicht er ja aufs Hoa.
Pfüatgott – und kemmts zum Stuhlfest bal, ös
zwoa! *(Ab)*

GRETL *(Steht noch wie befangen, dann nimmt sie ihr
Kind aus dem Wagerl)*
Mei kloana, liaba, süaßer, frecher, böser Bua,
Dei Vater kimmt, mir kriagn a Ruah!
(Eilt ins Haus)
Muatta!

WENDELIN *(Kommt und sieht das Wagerl stehn)*
San s' doch dahoam, na Gott sei Dank!

FAUST *(Mit neuem Hut und Flaum)*
Ja, Gott sei Dank!

WENDELIN Wer is? A Fremder?

FAUST I bin a Unverschämter!
Bist du der Wendelin?

WENDELIN Der Wendelin, jawohl, i bin
Der Bruada von der Gretl und du – du bist –

FAUST Der Schandbursch, der di gstocha hat.

WENDELIN Di habn ma doch scho lang vermißt.
Ja, Rosenkranz und Blumendraht,
Daß du dich wieder her verlierst!
Druck her zu mir, daß d' Wunden gspürst!
(Umarmt den Faust)

FAUST Nimm nix für unguat, Wendelin,
Mordsmassi hätt i di bal troffa!

WENDELIN Dei Hüatling, der war weit gnua drin.
Es kimmt nix nach mehr, wolln ma's hoffa.

FAUST Fürs Kinderwagl aber hast
Scheints aa was gliefert, hast a Wei?

WENDELIN Du bist a lustiger Phantast.
Kimmst du net auf di selber glei?
Kannst dir net denka, daß mei Schwester
So brennat wart auf den Sylvester,
Der seinerzeit – i mag net schelten,
Du woaßt as ja. Wen soll i melden?
Bis heut woaß neamad, wias di schreibst –
Sylvester und wia no?

FAUST I bin der Faust!
Is s' drin? Sag nix zu ihr! Du bleibst.

WENDELIN Mi'n leeren Kinderwagn heraußt?
Sie derf sich doch net schrecka,

Denn so a Wiedersehn, des wirkt,
Und eigentlich müaßt du des schmecka:
Der Faust, der hat aan Fäustling kriagt!

FAUST Du Herr im Himmel! Dann is wahr?
O mei, Gott naa, war i a Narr!

WENDELIN Warum willst des so spät bereun?
Der Bua is dantschi – laß dir's sagn!

FAUST Bereun? I denk bloß an ihr Leidn,
I war soviel wia halb verdammt
Und hab die schönste Zeit versaamt.

WENDELIN Iatz pack mas Wagerl mitanand
Und tragn's in d' Stubn, des werd a Schlager
Für uns allsamm – ja grüaß di, Schwager!

FAUST Du lachst, und mir is gar net wohl,
I woaß net, wia i s' oredn soll?

WENDELIN Du sagst ganz oafach: Fräulein Frau,
Da bin i, denn i ghör zu dir!
I laß di scho alloa zu ihr
Mi'n Fäustling – mei, des werd a Schau.
(Beide tragen den Kinderwagen ins Haus)

Der Spiellader

Iatz brauch i nimmer recht viel sagn.
Was drin im Haus gschiehcht, sollt ma sehgn.
Er werd wohl sie und 's Kind rumtragn –
A schönerer Schluß kunnt gar net gschehgn.

So oafach aber ins Nest neihocka,
Des gibt die Umwelt gar net zua.
De laßt si gern vom Teufel locka
Und laßt d' Familie net in Ruah.

Er muaß scho um sei Glück no kämpfen,
Der Faust, weil iatz die Haberer kemma.
Na ja, er werds scho richti dämpfen,
Daß sie sich net z'viel Kraut rausnehma.

A Gaudi gibt's auf alle Fäll,
Ma hört's ja scho beim Aufrewell!

HABERERNACHT

oder

WIAS AAN TEUFEL ZUM TEUFEL HAUN, UND ALLS GEHT GUAT NAUS

(Szene wie vorher. Es ist finster. Haberer mit Laternen, Blechdeckeln, Pfeifen, Ratschen und Rasseln vollführen einen Heidenlärm.)

LUZE *(Verkleidet als Haberermoasta)*
Im Namen des Kaisers Karl von Untersberg und seiner Alten
Wolln mir heut nacht a Gricht abhalten.
Verklagt is des Häusl und alles, was drin.
Die alt Katharina als Kupplerin,
Die sündhafte Gretl mit ihren Bankert,
Der fahnenflüchtige Wendelin
Und zletzt der sell, dem sie alles verdankert.
Der Heiratsschwindler und Giftmischer Faust,
Dem wo vor gar koana Missetat graust.
Er hat wia sei Vater scho d' Leut falsch kuriert,
Die Gsunden und Kranken und d' Schulbuabn ausgschmiert.
Er war a spinnata Narr!
I frag euch Manna – is wahr?

HABERER Wahr is!

LUZE Aufrewelln! *(Lärm wie zuvor)*
Damit er die Stärksten und Schnellsten ausstachert,
Hat er sich a teuflische Jugend eigschachert.
Im Stemma und Ringa,
Im Renna und Springa,
Im Schwimma und Fliagn
Wollt er die ganz Welt unterkriagn.
Als Universalmeisterstar.
I frag euch, Manna – is wahr?

HABERER Wahr is!

LUZE Aufrewelln!
(Lärm wie vorher)

FAUST *(Schaut aus dem Fenster)*
Was is da los?

LUZE Da is er, der Schwindler, der Bazi, der Schuft,
Er lebt unter uns und verpest die ganz Luft!
Merkts net, wia's aus dem Häusl rausstinkt?
Da is er, der Mensch, der die Sünd einerbringt.
Er is net verheirat und lebt drin mit ihr.
Kommodkasteln tuat er, der räudige Stier,
Und vor ihr hat er aan Haufa scho ghabt.
Bei eahm is no jede Jungfrau neitappt.
Die Schratzen von dem laufa überall rum.
Mit giftige Schwammerln und Opium,
Mit Kokain tuat er handeln und lauter so War.
Der bringt euch no alle in Gfahr.
I frag euch, Manna – is wahr?

HABERER Wahr is!

LUZE Aufrewelln!
(Lärm wie vorher)

FAUST Is iatz a Ruah da drauß vorm Haus, sunst kimm i naus!

LUZE Aufrewelln!
(Lärm wie zuvor)

FAUST *(Erscheint mit Wendelin an der Haustüre)*
Da bin i iatz mi'n Wendelin – Muatta, Gretl, ihr bleibts drin!

LUZE Daß sich fei koana jetzt entfernt!
Er hat zwar Geister scho beschworn
Und's Boxen scheint's vom Teufel glernt

Dafür packt euch der gache Zorn.
Zünds d' Hütten o und schlagts es nieder!

FAUST Den möcht i sehgn, der uns was tuat!
Laßts euch net hetzen, schwarze Brüader!
Als Faust – im Faustkampf bin i guat!
(Die Haberer gehen zögernd auf ihn los)
I kenn euch net, kenn bloß den oan,
Ihr wißts net, wer er is.
Er war wia-r-i no nia dahoam.
Du, Wendelin, du kennst sei Gfrieß,
Reiß eahm amal Kapuzn runter!
Da schaugts: Es steckt der Teufel drunter!
Und Luze Sparifankl hoaßt er:
Des war euer Habererrmoasta,
Dem seids ihr nachgrennt und koam andern,
Und i war aa amal so blöd.
Ma ko mit eahm koa Glück derwandern,
Mit Luag und Täuschung zwoamal net.
Alls, was er Schlechts hat ghabt zum sogn,
Des hat si auf eahm selbn bezogn.
Wer andere möcht mit Schand zuadecka,
Hat meistens selber Dreck am Stecka.

LUZE Iatz kam er gar als Gegenrichter –
Ihr Haberer, laßts euch des net gfalln!

FAUST Ruaßgockel! Waschts zerscht euere Gsichter,
Derweil stutz i eahm seine Kralln.
(Zieht sein feststehendes Messer)

LUZE Bleib weg von mir, sunst werst senil,
Und dann bist wieder a alter Mo.

FAUST Des bringst net zamm, wenn i net will.
Du kannst mir nämli gar nix to.
Umbringa kann ma di ja nia,
Des wiß ma – also her zu mir!
(Wendelin und einige Haberer packen den Luze, während Faust ihm die Krallen stutzt)

Weil du den Frieden kannst net leidn,
Möcht i dir gern vor alle Leut
Die schwarzen Fingernägel schneidn,
Damitst a Ruah gibst für a Zeit.

LUZE *(steht)*
Du hast ja nur von mir die Kraft,
Warst bloß a alter Depp, a kranker,
Des Irxenschmalz, den junga Saft,
Den hast ja schließli mir zum danka!

FAUST Hast recht – an Dank bin i dir schuldi,
Durch di hab i ja alls durchschaut.
Von heut ab bin i ungeduldi,
Denn du hättst mir mei' Seel versaut.
Ja – i bins, der als letzter lacht,
Du hast an Bock zum Gärtner gmacht. –
So Luze – iatz bist manikürt,
D' Huafnägel laß i eahm no' dro',
Damit er besser laffa ko'. –
Jetzt, Haberer, auf – brauchts euch bloß traun,
Dann könnts an Teufel zum Teufel haun!

WENDELIN Er is verschwunden!

FAUST Naa, ma riachtn.

HABERER Schauts, dort is er!

FAUST Wollts 'hn stelln?
Derfts euch net vorm Satan fürchtn,
Denn er alloa bringt den Frieden in Gfahr.
Ihr Manna, is 's wahr?

HABERER Wahr is!

FAUST Aufrewelln!
Iatz könnts an Hund mit de Hund nausbelln!

WENDELIN Jagtsn naus!
Sunst kimmt er no zu euch ins Haus!

HABERER Huiraxdax, packs beim Hax,
Packs beim Kragn, nei in 'n Grabn!
(Mit Pfeifen, Ratschen und Rasseln verfolgen sie den Luze)

WENDELIN *(ruft ins Haus)*
Muatta, kimm außa!

FAUST Gretl, du aa!

WENDELIN Furt is der Banauser!

GRETL Sylvester, mei, war des a Schreck!

FAUST Koa Angst, der Teufelsspuk is weg.
Des war der Polterabend, d' Hochzeit is scho morgn!

WENDELIN Zerscht müaß ma wohl Papiera bsorgn.

FAUST Da werd's bei mir a weng was hobn.
Hab koan Geburtsschein und koan Paß.
Auf alle Fäll – nur glei verlobn!
Des is mei Obrigkeitserlaß.
Morgn mach ma Staat, und ohne Staat
Werd gheirat –
Und mit die Glocken läut ma Sturm.
's is höchste Zeit, sag i zum Amt,
Mir habn als Ausweis unsern Buam.
A Fest gib i fürs Oberland!
(Burschen und Mädchen in festlicher Tracht kommen mit Musik. Bärbel und Liesl als Brautjungfern bringen der Gretl Brusttuch und Brautkranz und legen sie ihr an. Faust holt aus seiner Brusttasche den Schmuck, den Gretl erst ablehnt, aber auf Zureden anlegen läßt. Andere bringen Geschenke, auch die Schmiedin und die Seilerin sind dabei. Die Hausbank wird zum Gabentisch.)

TANZLFÜHRER Umgewandelter Herr Sylvester Faust!
Ihr habts zwar mit'n Teufel ghaust.
Drum san ma zerscht als Haberer kemma.
Ihr werds es uns net übelnehma.
Iatz is er austriebn, der schiach Hund,
Als schwarzer Pudel is er grennt,
Des werd er gwen sei wohl, der Kund.
Mir habn aan ja zuvor net kennt.
Bis jetzt is Bosheit in uns gsteckt,
Iatz habn ma Gretl wieder gern.
Du hast sogar aan Teufel gschreckt,
Und sie werd hoffentli koana wern!
Dem Brautpaar mit und ohne Kind
Aan Bandltanz als Angebind! *(Bandltanz)*

FAUST Vergeltsgott, Manner- und Weiberleut!
Es braucht halt alls sei Prüfungszeit.
Wer aber was im Guaten tuat,
Soll's direkt toa im Übermuat.
Ma ko net schnell gnua sei im Gebn,
Des is für alle in der Not
Der richtige Wettbewerb fürs Lebn,
Des is der Sport ums tägliche Brot,
Die ehrliche Arbat, sunst is gfeit,
Denn hinterm Lebn gibt's aa a Ziel.
Mit List und Schwindel kimmst net weit,
Im Jenseits drübn bedeut's net viel.
Und nix kannst nehma mit in d' Gruabn,
Wenn d' Seel vergrindt und kriagt an Schorf.
Merkts euch, ihr Deandl und ihr Buabn:
Bleibts guat und laßts die Kirch beim Dorf!
(zu Gretl)
Und dir gebührt das höchste Lob.
Du Gretl hast as wohl derbet',
Daß i den Umgang aufgebn hob.
Doch ohne wahre Liab gehts net.
Ob's bleibt und herhalt, woaßt net gwiß,
Zu kurz is 's Lebn für ewige Treu –
Wenn's nur so lang in Ordnung is.

Von dir als Wei möcht i no drei,
I hüat euch alle mit der Faust –
Iatz sagst as, wenns' dir vor mir graust.

GRETL Du Allerbester, bleib bei mir,
Dann hab i niamals Angst vor dir.

SPIELLADER *(tritt ins Bild)*
Iatz kann euch der Spiellader auf d' Hochzeit ladn,
Morgn vormittag in d' Kircha um neune.
Des Brautpaar kennt jeder, da braucht ma net ratn.
In d' Wiagn habn ma scho ebbas eine.
Er bleibt net alloane – der Fäustling, der kloane,
Nach eahm und an göttlichen Willn.
Und wenn's euch guat gfalln hat – des hoff i – dann moan i:
Wolln mir eahm an Faustlandler spieln!
(Die Burschen und Dirndln gruppieren sich im Kreis, Bärbel und Liesl holen Faust und Gretl in die Mitte zum Landler und Schuhplattler. Vorhang.)

»Die Baierische Weltgschicht« wird dereinst zu den Dokumenten des reichen, lebendigen, starken, doch immer gebändigten Sprachgefühls unseres Volkes zählen...«

Michl Ehbauers Welt war baierisch (mit »ai«, weil die altbayerische Welt gemeint ist). Auch der Himmel und die Hölle waren für ihn weiß und blau. Für ihn gab es daher nur eine baierische biblische Geschichte, aus der er die »Baierische Weltgschicht« machte. Diese fängt naturgemäß damit an, »wia d'Welt auf'd Welt kemma is«, und sie reicht bis zu dem Kapitel »wia's am End vom Testament zuaganga is«. Bis es soweit ist, erzählt Ehbauer beispielsweise davon, »wia der Noah am Nockherberg das Rezept gfunden hat«. Das ist natürlich noch lange nicht alles, sonst wär's ja keine Weltgeschichte.

197 Seiten, Leinen mit Schutzumschlag

Ehbauers Vater, Michl Ehbauer, hat bereits vor dreißig Jahren das Alte Testament in bayerische Verhältnisse transportiert; es ist als »Baierische Weltgschicht« zu einem Bestseller geworden. Sein Tod 1964 verhinderte die »Bajuwarisierung« des Neuen Testaments. Nun vollzieht der Sohn das Vermächtnis seines Vaters und läßt dessen Weltgschicht ihr »Letztes Trumm« folgen. Es gelingt ihm, Sprachklang und Diktion des Vaters aufzunehmen, ohne in bloße Kopie zu verfallen. Mit Takt und Fingerspitzengefühl erzählt er das Leben Jesu und versucht, es in die uns vertraute Sphäre des Bayerischen zu übertragen.

198 Seiten, Leinen mit Schutzumschlag

Ludwig
Bücher für Bayern